CIBERSEGURANÇA

Uma visão panorâmica sobre a segurança da informação na Internet

MICHEL BERNARDO FERNANDES DA SILVA

CIBERSEGURANÇA

Uma visão panorâmica sobre a segurança da informação na Internet

Freitas Bastos Editora

Copyright © 2023 by Michel Bernardo Fernandes da Silva

Todos os direitos reservados e protegidos pela Lei 9.610, de 19.2.1998.
É proibida a reprodução total ou parcial, por quaisquer meios, bem como a produção de apostilas, sem autorização prévia, por escrito, da Editora.
Direitos exclusivos da edição e distribuição em língua portuguesa:

Maria Augusta Delgado Livraria, Distribuidora e Editora

Editor: Isaac D. Abulafia
Diagramação e Capa: Madalena Araújo

Dados Internacionais de Catalogação na Publicação (CIP)
de acordo com ISBD

S586c	Silva, Michel Bernardo Fernandes da
	Cibersegurança: uma visão panorâmica sobre a segurança da informação na Internet / Michel Bernardo Fernandes da Silva. - Rio de Janeiro : Freitas Bastos, 2023.
	288 p. ; 15,5cm x 23cm.
	ISBN: 978-65-5675-244-0
	1. Cibersegurança. 2. Segurança da informação. 3. Internet. I. Título.
	CDD 005.8
2022-4045	CDU 004.056

Elaborado por Odilio Hilario Moreira Junior - CRB-8/9949

Índice para catálogo sistemático:
1. Segurança de dados 005.8
2. Segurança de dados 004.056

Freitas Bastos Editora
atendimento@freitasbastos.com
www.freitasbastos.com

PREFÁCIO

Este livro foi escrito pensando nas necessidades de atuais e, principalmente, futuros profissionais da área de segurança cibernética e interessados sobre o tema. Quase todos os materiais da área, inclusive os utilizados em treinamentos, estão em inglês e as siglas no ambiente cibernético também são provenientes da língua inglesa.

Como atuo como professor universitário, entendo que é fundamental facilitar o caminho do aprendizado, com linguagem direta, apresentando exemplos práticos, mas sem perder o rigor técnico.

Este livro apresenta uma compilação de conhecimentos que adquiri na prática e através de cursos na Cisco NetAcad, IGTI, AcadTi, Codered e outros.

Para compreender melhor os conceitos do livro, recomenda-se um conhecimento prévio em Redes de Computadores.

Não é objetivo desse livro apresentar detalhadamente as ferramentas utilizadas para *hacking* e para segurança. Existem centenas de ferramentas disponíveis e com atualizações constantes. Analogamente, não são apresentados equipamentos de redes específicos de um determinado fornecedor e nem especificações técnicas.

Aproveite a sua jornada pela segurança cibernética e boa leitura!

ORGANIZAÇÃO DO LIVRO

A Segurança no ambiente cibernético é um assunto cada vez mais relevante, principalmente pelos impactos que um ataque bem-sucedido pode acarretar.

No Capítulo 1, são abordados aspectos introdutórios à ciber-segurança como conceitos de integridade, confidencialidade e disponibilidade, o custo de ataques cibernéticos e casos reais de ataques ocorridos.

Uma visão geral dos oponentes em ataques cibernéticos é apresentada no capítulo 2, detalhando suas classificações, como *hackers White hat*, *hackers black hat* e as motivações dos hackers de cada classificação. Com a evolução da tecnologia, a Guerra Cibernética está cada vez mais presente nas relações entre diferentes nações. Por fim, são apresentadas as etapas necessárias para um ataque cibernético segundo a Metodologia *Cyber Kill Chain*.

No capítulo 3, serão descritos alguns dos tipos mais comuns de ataques, pois constantemente surgem novos ataques dependendo das vulnerabilidades encontradas. Adicionalmente, são apresentados os códigos maliciosos ou *malwares* mais frequentes, suas características e efeitos sobre a infraestrutura e dados. Em alguns casos, são detalhados exemplos de ataques de *malwares* e suas consequências. Finalizando o capítulo é apresentado o conceito de Engenharia Social ou *Social Engineering,* que utiliza o elemento humano para buscar acessos não autorizados nos sistemas.

O capítulo 4 foca nas Vulnerabilidades, isto é, os pontos mais fracos dos sistemas em relação à segurança. Existem ferramentas e técnicas para mapear as vulnerabilidades, que são utilizadas inclusive para defesa. A descoberta de vulnerabilidades na rede por parte de uma empresa é fundamental para construção de uma rede mais segura, já que essa vulnerabilidade será corrigida e um ataque de explore essa vulnerabilidade não terá sucesso. Adicionalmente, são apresentadas as principais vulnerabilidades segundo o projeto OWASP.

Os equipamentos e ferramentas de rede que irão contribuir com a segurança da rede são apresentados no capítulo 5. Serão abordados *firewalls*, dispositivos de detecção de intrusão (IDS), dispositivos de prevenção de intrusão (IPS), servidores *proxy*, VPNs, *antimalwares*, listas de controle de acesso, protocolos de rede, entre outros. Essas soluções podem combinar hardware, software e protocolos de rede.

Muitos dos equipamentos apresentados no capítulo 5 têm objetivo de manter a disponibilidade da rede. O capítulo 6 apresenta as técnicas de criptografia, que buscam conservar a confidencialidade da informação. São descritas as cifras de substituição, criptografia simétrica e criptografia assimétrica. Para manter a integridade da informação, é apresentada a função de *Hash*. Ainda no capítulo 6, são abordados os certificados digitais e as assinaturas digitais.

No capítulo 7, são detalhados os componentes de um sistema de Autorização, Autenticação e Auditoria (AAA), analisando suas características, propriedades e métodos de implementação.

O Capítulo 8 aborda sobre os Testes realizados em uma rede para verificação da segurança, em especial, os testes de penetração ou *pentesting*. São listadas algumas ferramentas utilizadas para teste de redes e é apresentada a solução SIEM para gerenciamento de eventos de segurança.

A segurança em dispositivos móveis é abordada no capítulo 9, analisando outros tipos de ataques que podem ocorrer nesses dispositivos. Questões de privacidade de dados são discutidas e são apresentados os requisitos de segurança para aplicações em nuvem, posto que uma tendência seja a migração de operações *on-premises* para a nuvem.

O capítulo 10 aborda os diferentes times de segurança que podem ser necessários para uma empresa, as funções e as características de cada um desses times.

O capítulo 11 detalha o processo de gestão de riscos de segurança das informações, de acordo com a ISO 27005. São apresentadas as etapas necessárias, os resultados de cada um delas e os pré-requisitos para seguir para o passo seguinte.

SUMÁRIO

1. INTRODUÇÃO À CIBERSEGURANÇA 17

1.1 BREVE HISTÓRICO DE SEGURANÇA DE REDES.............. 17

1.2 DADO, INFORMAÇÃO E CONHECIMENTO 20

    1.2.1 Ciclo de vida da informação..................................23

1.3 CONCEITOS: CIBERSEGURANÇA X SEGURANÇA DA INFORMAÇÃO 25

1.4 PRINCÍPIOS DE SEGURANÇA DA INFORMAÇÃO 31

    1.4.1 Disponibilidade 32

    1.4.2 Integridade 34

    1.4.3 Confidencialidade... 34

    1.4.4 Exemplo de aplicação dos princípios de segurança 35

    1.4.5 Outros princípios de segurança 36

1.5 RELEVÂNCIA DO TEMA CIBERSEGURANÇA...................... 38

1.6 CUSTOS DOS ATAQUES CIBERNÉTICOS 39

    1.6.1 Impacto da pandemia para os ataques cibernéticos.. 44

    1.6.2 Usuários: Elo mais fraco 45

1.7 ÉTICA E INTERNET 46

1.8 CASOS REAIS DE ATAQUES CIBERNÉTICOS.................... 47

    1.8.1 Exemplo de violação de segurança – VTech........... 47

    1.8.2 Exemplo de violação de segurança – Equifax........ 49

    1.8.3 Exemplo de violação de segurança – JBS USA....... 50

2. CONHECENDO OS OPONENTES 53

2.1 CRIMINOSOS VIRTUAIS 53

2.1.1	Criminosos virtuais internos	55
2.1.2	Criminosos virtuais externos – Hackers	56
2.1.3	Criminosos virtuais externos – Invasores Organizados	58

2.2 GUERRA CIBERNÉTICA **59**

2.3 METODOLOGIA CYBER KILL CHAIN **64**

2.3.1	Reconhecimento	66
2.3.2	Armamento	67
2.3.3	Entrega	67
2.3.4	Exploração	68
2.3.5	Instalação	69
2.3.6	Comando e Controle	69
2.3.7	Ações sobre os objetivos	69

2.4 TIPOS DE FERRAMENTAS UTILIZADAS PARA ATAQUES **70**

3. CONHECENDO OS TIPOS DE ATAQUES E AMEAÇAS **75**

3.1 CATEGORIAS DE ATAQUE **75**

3.1.1	Ataques Passivos	76
3.1.2	Ataques Ativos	77
3.1.3	Domínios de ameaça	82
3.1.4	Ataque de Dia Zero	83

3.2 CÓDIGOS MALICIOSOS (MALWARES) **83**

3.2.1	Vírus	84
3.2.2	Worm	86
3.2.3	Trojan	88
3.2.4	Programa Espião ou Spyware	90
3.2.5	Adware	91
3.2.6	Scareware	92
3.2.7	Bot e Botnet	92
3.2.8	Man-In-the-Middle (MitM)	94
3.2.9	Man-In-the-Mobile (MitMo)	95
3.2.10	Rootkit	95
3.2.11	Ransomware	96

3.2.12 Bombas Lógicas ou Logic Bombs.............................98
3.2.13 Sequestrador de navegador....................................99

3.3 TIPOS DE ATAQUES...99
    3.3.1 Falsificação de e-mail 100
    3.3.2 Ataque de força bruta 100
    3.3.3 Desfiguração de página (Defacement)..................101
    3.3.4 Plugins 101
    3.3.5 Envenenamento de SEO 102
    3.3.6 Fraude de antecipação de recursos
          (Advance fee fraud)...102
    3.3.7 Representação (scam) e farsas ou boatos (hoax) ...103
    3.3.8 Phishing..104
    3.3.9 Pharming, Smishing, Vishing e Whaling 107
    3.3.10 Shoulder Surfing 109

3.4 ENGENHARIA SOCIAL...109

4. AMEAÇAS E VULNERABILIDADES 115

4.1 ELEMENTOS QUE GERAM VULNERABILIDADES..............115

4.2 TÉCNICAS PARA ENCONTRAR VULNERABILIDADES........117
    4.2.1 Varredura de portas..117
    4.2.2 Scanner de Vulnerabilidades...............................119

4.3 PRINCIPAIS VULNERABILIDADES EM
AMBIENTES WEB 120
    4.3.1 Quebras no controle de acesso 121
    4.3.2 Scripting através de sites 122
    4.3.3 Injeção de código...122
    4.3.4 Injeção de XML..122
    4.3.5 Injeção de SQL 123
    4.3.6 Buffer Overflow...123
    4.3.7 Execuções de código remoto...............................124
    4.3.8 Controles ActiveX e Java.....................................124

4.4 QUANTIDADE DE INCIDENTES DE
SEGURANÇA NO BRASIL..125

5. EQUIPAMENTOS E TÉCNICAS PARA SEGURANÇA DE REDE..**129**

5.1 DOMÍNIOS DE SEGURANÇA DE REDE 129

5.2 ABORDAGEM DE SEGURANÇA *ZERO TRUST*................... *131*

5.3 PROTEÇÃO DA INFRAESTRUTURA DE REDE..................... 133

    5.3.1 Abordagem de roteador único.................................... 135
    5.3.2 Abordagem de defesa em profundidade.............. 135
    5.3.3 Abordagem Zona Desmilitarizada (DMZ)............. 139

5.4 PROTEÇÃO DO ROTEADOR DE BORDA 140

5.5 DISPOSITIVOS DE SEGURANÇA: FIREWALL..................... 142

    5.5.1 Tipos de Firewalls 147

5.6 DISPOSITIVOS DE DETECÇÃO DE INTRUSÃO (IDS)
E DE PREVENÇÃO DE INTRUSÃO (IPS)............................. 151

    5.6.1 Funcionamento do IDS 151
    5.6.2 Funcionamento do IPS.. 153
    5.6.3 Comparativo entre IDS e IPS..................................... 154

5.7 SERVIDOR PROXY... 157

5.8 BASTION HOST... 158

5.9 PROTEÇÃO DE SEGURANÇA BASEADA
EM SOFTWARE 159

    5.9.1 Antimalware 160
    5.9.2 Software do Sistema Operacional........................... 163
    5.9.3 Gerenciador de patches.. 164

5.10 COMUNICAÇÕES SEGURAS COM VPN 165

    5.10.1 Benefícios da VPN.. 169
    5.10.2 Tipos de VPN 170
    5.10.3 VPN SSL e IPsec.. 172

5.11 LISTAS DE CONTROLE DE ACESSO (ACLS)...................... 175

5.12 SEGURANÇA DE ENDPOINTS 176

5.13 OUTRAS PROTEÇÕES DE SEGURANÇA
BASEADAS EM REDE... 177

6. FORMAS DE GARANTIR AS PROPRIEDADES DA INFORMAÇÃO **179**

6.1 CONCEITOS DE CRIPTOGRAFIA...180

6.2 CLASSIFICAÇÃO DE SISTEMAS CRIPTOGRÁFICOS 184

6.3 CIFRAS DE SUBSTITUIÇÃO...185

    6.3.1   Técnicas de Transposição.................................187

6.4 CRIPTOGRAFIA DE CHAVE SIMÉTRICA.........................187

6.5 CRIPTOGRAFIA ASSIMÉTRICA 190

6.6 FUNÇÕES DE HASH...191

    6.6.1   Funções criptográficas de *hash* *192*

6.7 ASSINATURAS DIGITAIS 195

    6.7.1   Assinatura de Código..196
    6.7.2   Certificados Digitais...196

7. AUTORIZAÇÃO, AUTENTICAÇÃO E AUDITORIA (AAA) **199**

7.1 COMPONENTES DO AAA..199

7.2 AUTENTICAÇÃO 200

    7.2.1   Configuração de Senhas...................................201
    7.2.2   Métodos de autenticação 204

7.3 AUTORIZAÇÃO 206

7.4 AUDITORIA 209

7.5 IMPLEMENTAÇÃO DE AAA...211

8. TÉCNICAS DE TESTE DE SEGURANÇA DE REDES **215**

8.1 FRAMEWORK DE CIBERSEGURANÇA DO NIST................216

8.2 TIPOS DE TESTES DE REDE...218

8.2.1 Modalidades de um Pentesting 220

8.2.2 Aplicação dos resultados de teste de redes 221

8.3 FERRAMENTAS DE TESTE DE REDE 222

8.4 SIEM 223

9. PRIVACIDADE E SEGURANÇA EM DISPOSITIVOS MÓVEIS 225

9.1 ASPECTOS LEGAIS E ÉTICOS 225

9.2 PRIVACIDADE DIGITAL 226

9.3 SEGURANÇA EM DISPOSITIVOS MÓVEIS 227

9.3.1 Grayware e SMiShing 227

9.3.2 Access points não autorizados 228

9.3.3 Congestionamento de RF 228

9.3.4 Bluejacking e Bluesnarfing 229

9.3.5 Ataques de WEP e WPA 229

9.3.6 Defesa contra ataques a dispositivos móveis e sem fio 230

9.3.7 Quebra de senha de acesso à rede Wi-Fi 231

9.4 SEGURANÇA EM AMBIENTES EM NUVEM 231

9.4.1 Proteções de tecnologia baseadas na nuvem 233

10. ATUAÇÃO PROFISSIONAL EM SEGURANÇA CIBERNÉTICA 235

10.1 TIMES DE SEGURANÇA DE INFORMAÇÃO 235

10.2 DIFERENÇA ENTRE RED TEAM E PENTESTER 240

10.3 IMPLEMENTAÇÃO DE EDUCAÇÃO E TREINAMENTO EM SEGURANÇA CIBERNÉTICA 241

10.4 ESTABELECIMENTO DE UMA CULTURA DE CONSCIENTIZAÇÃO DE SEGURANÇA CIBERNÉTICA 241

11. PROCESSO DE GESTÃO DE RISCOS DE SEGURANÇA DA INFORMAÇÃO **243**

11.1 DEFINIÇÃO DE CONTEXTO 246

11.2 IDENTIFICAÇÃO DE RISCOS 251

  11.2.1 Identificação das ameaças 252
  11.2.2 Identificação dos controles existentes...................... 254
  11.2.3 Identificação das vulnerabilidades 255
  11.2.4 Identificação das consequências 256

11.3 ANÁLISE DE RISCOS 258

  11.3.1 Avaliação das consequências 259
  11.3.2 Avaliação da probabilidade dos incidentes 261
  11.3.3 Determinação do nível de risco 262
  11.3.4 Avaliação do Risco 263

11.4 TRATAMENTO DE RISCO 265

  11.4.1 Modificação do risco 269
  11.4.2 Retenção do risco 272
  11.4.3 Ação de evitar o risco 273
  11.4.4 Compartilhamento do risco 274
  11.4.5. Aceitação de Risco 275

11.5 COMUNICAÇÃO DO RISCO 276

11.6 MONITORAMENTO E ANÁLISE DOS FATORES CRÍTICOS DE RISCO 278

  11.6.1 Monitoramento e Revisão dos Fatores de Risco 279
  11.6.2 Monitoramento, análise crítica e melhoria do processo de gestão de riscos 281

REFERÊNCIAS BIBLIOGRÁFICAS **283**

1. INTRODUÇÃO À CIBERSEGURANÇA

Neste primeiro capítulo, será apresentado o tema de segurança cibernética ou cibersegurança, em inglês, *cybersecurity*. Inicialmente, será construído um histórico do tema de segurança em redes de computadores. Após isso, serão definidos conceitos de informações, relativos à segurança de informação e a tríade Confidencialidade, Integridade e Disponibilidade, propriedades essenciais para as informações. Posteriormente, são abordados o custo dos ataques de cibersegurança e a relevância do tema. Por fim, são apresentados casos reais de ataques cibernéticos.

1.1 BREVE HISTÓRICO DE SEGURANÇA DE REDES

As redes de computadores interligaram todas as regiões do mundo e diminuíram as distâncias físicas, permitindo que pessoas interagissem rapidamente entre si em qualquer parte do globo.

Antes do surgimento da Internet, as redes eram privativas e utilizavam soluções proprietárias e recursos individualizados. O acesso aos recursos era controlado, mas com um custo muito elevado. Poucos computadores eram efetivamente interligados, pois não havia interoperabilidade entre as redes, que adotavam tecnologias e protocolos diferentes.

Com o advento da internet, houve o compartilhamento de recursos, que trouxe a economia de escala, e a adoção de padrões abertos de comunicação. Com isso, ocorreu a expansão da quantidade de computadores conectados. O foco era apoiar o compartilhamento de recursos de informática, incluindo computadores e dados por meio de redes.

Nas últimas décadas, o acesso à Internet se tornou ubíquo, isto é, acessível em praticamente todos os locais e alterou o comportamento e as interações humanas, como pode ser verificado pela utilização dos *smartphones*, que atualmente são o principal meio de comunicação de parte da população.

Quando as redes percussoras da Internet foram criadas desde a década de 70, a preocupação com segurança nesse ambiente não existia, pois na época essas redes eram um ambiente privado e controlado. Depois do crescimento exponencial da Internet, surgiu a preocupação com a segurança, pois essas possibilidades de acesso trouxeram um ônus relevante: os cibercrimes.

O problema da segurança decorre da perda de controle sobre a rede, pois os dados que circulam na Internet passam por equipamentos de terceiros e não são controlados pelos donos dos dados. Além disso, os dados armazenados em computadores conectados possuem informações potencialmente valiosas.

Os desafios e os esforços são crescentes para aumentar a cibersegurança e aumentam à medida que a Internet desempenhar um papel cada vez mais central no desenvolvimento social e econômico de nações no mundo todo.

Frequentemente, as redes corporativas ou governamentais estão sob ataque. É comum ser noticiado o comprometimento de uma rede de computadores de empresas comerciais ou entidades governamentais. Uma simples pesquisa na Internet sobre ataques cibernéticos resultará em diversos artigos sobre ataques de rede, incluindo notícias sobre organizações que foram comprometidas, as mais recentes ameaças à segurança de rede, ferramentas para mitigar ataques e muito mais.

Para demonstrar a gravidade dessa situação de ataques a redes, a empresa russa Kaspersky, especializada em softwares de segurança para Internet, mantém a exibição interativa do Mapa em Tempo Real de Ameaças Cibernéticas dos atuais ataques de rede. Os dados de ataque são enviados a partir de produtos de segurança de rede Kaspersky que são implantados em todo o mundo. A figura a seguir exibe um exemplo da captura de tela desta ferramenta web, que mostra esses ataques cibernéticos em tempo real.

Figura 1 - Mapa em Tempo Real de Ameaças Cibernéticas

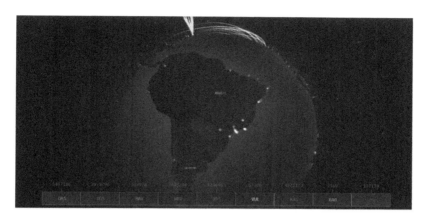

Fonte: Captura de tela do autor no site https://cybermap.kaspersky.com/pt. Acessado em 22 abr. 2022.

Existem outras ferramentas similares disponíveis na internet, que apresentam mapas de monitoramento de ciberataques em tempo real tais como:

- SonicWall, apresenta um mapa em tempo de dos ataques cibernéticos mundiais. Disponível em https://attackmap.sonicwall.com/live-attack-map/. Acessado em 21 ago. 2022.
- Mapa de Ameaças Fortinet, desenvolvido pela empresa FrontGuard. Disponível em https://threatmap.fortiguard.com/. Acessado em 21 ago. 2022.
- Mapa de Ameaças de *botnets* em tempo real elaborado empresa de Tecnologia Spamhaus. Disponível em https://www.spamhaus.com/threat-map/. Acessado em 21 ago. 2022.

A relevância da Cibersegurança ou *Cibersecurity* tornou-se crescente, fato comprovado pelas frequentes notícias de ameaças cibernéticas de larga escala e ciberataques como *hackers* explorando vulnerabilidade de grandes empresas, novas formas de softwares maliciosos ou *malwares*, trazendo influências estrangeiras em eleições nacionais, acarretando indisponibilidade de sistemas, entre outros.

Dado esse cenário, as organizações devem continuamente adaptar suas capacidades para lidar contra atores maliciosos e preveni-los seus ataques. A Cibersegurança deve ser priorizada em todos os domínios da sociedade e da economia para destravar o verdadeiro potencial da economia digital.

No mundo digital, a informação é um ativo fundamental para as empresas, pois com a utilização da informação de seus clientes as empresas podem criar oportunidades de negócios. Algumas empresas tiveram a percepção da importância dos dados no início dos anos 2000.

É fundamental entender que a Cibersegurança não é apenas uma questão tecnológica, mas é um conjunto de sistemas que abrangem tecnologia, pessoas e processos. Pois não basta para a empresa comprar as últimas versões de equipamentos de segurança e utilizar softwares conceituados voltados à segurança, se a empresa não dispuser de profissionais capacitados em segurança cibernética e se os colaboradores realizarem atividades que invasores possam realizar ataques, tal como Engenharia Social.

1.2   DADO, INFORMAÇÃO E CONHECIMENTO

Um dado é uma observação do mundo externo, pode representar o valor do lançamento de um dado, a idade de uma pessoa, o faturamento de uma empresa.

Quando uma coleção de dados é organizada e é contextualizada, esta passa a ter uma relevância, teremos uma informação, por exemplo, os últimos números da loteria, as idades de todos os alunos de uma sala, uma lista com os produtos mais vendidos ou maiores clientes de uma empresa. A junção de várias informações pode sobre um mesmo tema, pode gerar conhecimento sobre o assunto. A informação pode estar presente em diversos componentes desse processo, denominados ativos, os quais são alvo de proteção da segurança da informação, ou ser manipulada por eles.

Assim, os dados, quando organizados e tratados, podem acarretar informações e informações podem gerar conhecimento. A Figura a seguir ilustra as relações entre dado, informação e conhecimento.

Figura 2 – Hierarquia de Dado, Informação e Conhecimento

Fonte: Autor

A tabela a seguir sintetiza a comparação entre dados, informação e conhecimento.

Tabela 1 – Dados, Informação e Conhecimento

	Descrição	Características
Dados	Simples observações sobre o estado do mundo	• Facilmente estruturado e transferível • Facilmente obtido por máquinas • Frequentemente quantificado
Informação	Dados dotados de relevância e propósito	• Requer unidade de análise • Exige consenso em relação ao significado • Exige necessariamente mediação humano
Conhecimento	Informação valiosa da mente humana	• De difícil estruturação e captura em máquinas • Frequentemente tácito • De difícil transferência

Fonte: adaptado de Davenport (2022)

Em 2006, o matemático britânico Clive Humby foi o primeiro a cunhar a frase "Os Dados são o novo petróleo" (*Data is the new oil*). Entretanto, existe uma continuação dessa sentença do próprio Clive que justifica essa afirmação: Assim como o petróleo, os dados são valiosos, mas se não forem trabalhados adequadamente, não podem ser realmente usados em aplicações comerciais, da mesma forma que o petróleo bruto não é utilizado diretamente.

O petróleo é transformado em gás, plástico, produtos químicos, entre outros, para criar uma entidade valiosa que impulsione uma atividade lucrativa. Então, os dados devem ser decompostos e analisados para que tenham valor.

No mundo atual, qualquer empresa, independentemente do seu porte, setor de atuação ou modelo de negócio, coleta dados a todo o momento. Esses dados deveriam ser organizados e transformados em informações, as quais serão consumidas pelas áreas de negócio e seus processos e, com isso, transformadas em conhecimento. Esse conhecimento é utilizado pela empresa para atendimento das necessidades e expectativas dos seus clientes, criação de novos produtos e serviços, atingimento de objetivos, criação de planos estratégicos, entre outros.

Nas primeiras duas décadas desse século, as gigantes de tecnologia como Google e Facebook coletaram uma gigantesca quantidade de dados e disponibilizaram aos usuários essas informações e trouxeram um fascínio para os usuários.

Uma das empresas que trabalhou com as informações de clientes foi a empresa de *e-commerce* Amazon, que apresenta recomendações de produtos com base no histórico de compras do cliente e o que pessoas que viram esse produto também compraram esses outros produtos.

A informação é um ativo muito valioso para a empresa, independentemente do setor de atuação, já que as empresas deveriam decidir suas ações e seus planos futuros com base em informações. Segredos industriais, análise de mercado, projeções e dados operacionais e financeiros históricos e pesquisas com consumidores são informações fundamentais e é um potencial diferencial competitivo relacionado ao crescimento e à continuidade do negócio.

A junção de informações relevantes dos clientes de uma empresa possui muito valor para esta, já que com essas informações ela pode desenvolver novas formas de comunicação e de forma segmentada, acompanhar o ciclo de vida dessa cliente, construir novos produtos adequados e obter uma vantagem competitiva frente aos concorrentes que não possuem o histórico desse cliente. Dessa forma, as informações devem estar armazenadas de forma segura, pois vazamento de informações acarretam prejuízos financeiros e de imagem para as empresas.

Nesse sentido, como qualquer outro ativo da empresa é necessária e mandatória a proteção dos dados e das informações contra os diversos tipos de ameaças.

1.2.1   Ciclo de vida da informação

O ciclo de vida da informação, por sua vez, é composto e identificado pelos momentos vividos pela informação que a colocam em risco.

Toda informação possui um prazo de validade determinado, por exemplo, a previsão do tempo de uma data passada não é útil para quem irá viajar na semana que vem. De modo que, existe um ciclo de vida da informação, que é composto e identificado pelos momentos vividos pela informação que a colocam em risco. Os momentos acontecem quando os ativos físicos, tecnológicos e humanos utilizam a informação, suportando processos que, por sua vez, mantêm a operação da empresa. A figura a seguir apresenta as etapas do ciclo de informação.

Figura 3 – Ciclo de vida da informação

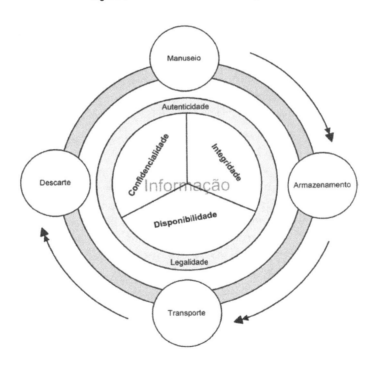

Fonte: (SÊMOLA, 2014, p. 11)

Na etapa de Manuseio, a informação é criada e manipulada seja por folhear um maço de papéis, por digitar informações obtidas em uma aplicação Web ou por utilizar a senha de acesso para se autenticar no sistema.

Na próxima etapa, a informação será armazenada para eventual consulta futura e existem diversas formas de realizar esse armazenamento. É possível gravar as informações em um banco de dados compartilhado, em um arquivo na rede corporativo, no disco rígido, na nuvem ou em um *pen-drive*, guardado na gaveta.

Após o armazenamento, ocorre o transporte da informação, que também ocorre de diversos meios. Podem ser através de uma mensagem de correio eletrônico, inserir informações em um sistema Web, apresentações em reuniões de trabalho ou ainda por conversas telefônicas com informações confidenciais.

Na última etapa, a informação deve ser descartada. Existe um risco de depositar na lixeira da empresa materiais impressos, pois essas informações podem ficar disponíveis para concorrentes. Outra forma de eliminar informações é apagar arquivos do computador ou descartar discos rígidos com problemas.

1.3 CONCEITOS: CIBERSEGURANÇA X SEGURANÇA DA INFORMAÇÃO

De acordo com Instituto Nacional de Tecnologia e Padronização dos Estados Unidos (NIST), Segurança da Informação é a proteção da informação e dos sistemas de informação contra acessos não autorizados, usos, modificações, interrupções ou destruição com objetivo de prover confidencialidade, integridade e disponibilidade (NIST, 1998).

Outro termo utilizado é Cibersegurança ou *Cybersecurity*, que representa o grupo de práticas que inclui atividades e controle ou medidas para atingir confidencialidade, integridade e disponibilidade dos dados e sistemas no ciberespaço contra ataques maliciosos que atingem desde organizações comerciais e governamentais e até dispositivos pessoais.

A norma ISO/IEC 27032:2015, intitulada de Diretrizes para a segurança cibernética ou *Guidelines for cybersecurity*, define segurança cibernética ou *cybersecurity* "como preservação da confidencialidade, da integridade e da disponibilidade da informação no espaço cibernético".

Segundo CISCO (2020), "a segurança cibernética é o esforço contínuo para proteger esses sistemas em rede e todos os dados de usos não autorizados ou prejudiciais". Essa proteção ocorre em diferentes esferas: empresarial, estatal e individual.

Para as empresas, é responsabilidade de todos os funcionários proteger os dados dos clientes e os dados corporativos. A perda de dados de clientes acarreta uma queda na reputação e impacta negativamente o valor da marca da empresa.

Com relação ao âmbito governamental, as informações sobre segurança nacional de um país e dados relacionados ao bem-estar dos cidadãos devem ser bem protegidas de inimigos.

No plano do indivíduo, é necessário proteger sua identidade, seus dados e seus dispositivos de computação. A Figura 4 ilustra os diferentes tipos de dados existentes para uma pessoa física, que devem ter proteção para não estarem expostos livremente na internet.

Figura 4 – Dados que devem ser protegidos na esfera pessoal

Fonte: adaptado de (CISCO, 2020).

Apesar de muitas vezes serem utilizados como sinônimos, existem diferenças entre cibersegurança e segurança da informação. A diferença entre cibersegurança e informação da segurança está nos tipos de ativos que são protegidos. A Cibersegurança verifica as informações digitais entre sistemas que estão conectados no ciberespaço. Por sua vez, a Segurança da Informação não está restrita aos meios digitais, mas também aos meios físicos como papel. A figura a seguir ilustra os domínios da Segurança da Informação e da Segurança Cibernética.

Figura 5 - Relação entre a Segurança Cibernética e outros tipos de Segurança

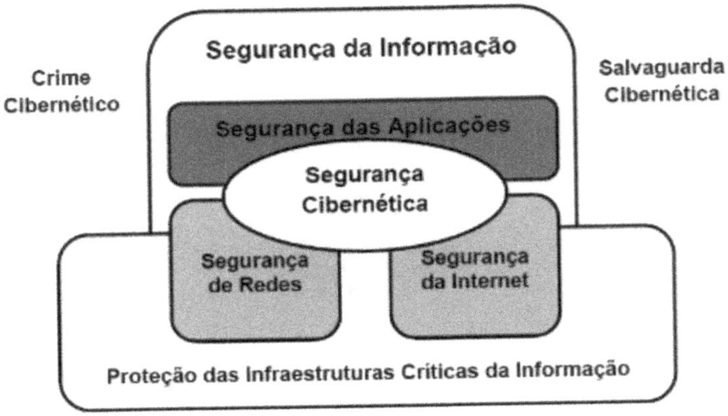

Fonte: (VIANNA, 2015)

Outra diferença é que os profissionais de cibersegurança são treinados para lidar com especificamente as ameaças persistentes avançadas, em inglês, *Advanced Persistent Threats* (APT). Por outro lado, a segurança de informação está calcada na segurança dos dados e os profissionais dessa área são treinados para priorizar os recursos antes de erradicar ameaças e ataques.

Também é importante diferenciar os termos em inglês *Safety* e *Security*, pois a tradução literal para o Português de ambas as palavras é Segurança. *Safety* está relacionada com a integridade física ou verificação de risco de acidentes. Enquanto *Information Security* ou Segurança da Informação está ligada à proteção lógica dos dados armazenados analisando disponibilidade, confidencialidade e integridade, que serão exploradas na próxima seção.

Outro conceito importante é *Hacking*, o campo da segurança computacional que se refere à exploração da vulnerabilidade de um sistema e comprometer os controles de segurança para ganhar acesso não autorizado e inapropriado. O *hacking* pode ser feito para roubar, furtar ou redistribuir propriedade intelectual, levando à perda financeira para empresas (EC-COUNCIL, 2021).

Segundo a recomendação Segurança de arquitetura OSI, X.800 da ITU-T, pode-se definir os seguintes termos:

"Ataques à segurança são ações que comprometam a segurança de informação pertencente a uma organização.

Serviço de segurança trata-se da realização de um processamento ou comunicação a fim de elevar a segurança dos sistemas de processamento de dados e envios de informação de uma organização. Os serviços são utilizados para frustrar ataques à segurança e podem utilizar um ou mais mecanismos de segurança para prover o serviço".

Já um mecanismo de segurança é um processo ou um dispositivo incorporado a um processo o qual é projetado visando à detecção, ao impedimento ou à recuperação de um ataque à segurança.

Existem outros termos também utilizados, como ameaças e ataques. Documentos técnicos produzidos por entidades e organização que lidam com Internet são denominados *Request for Comment* (RFC), Pedidos de comentários, em português. De acordo com as RFCs 2828 e 4949, Glossários de segurança na Internet, uma Ameaça representa um potencial para a segurança ser violada no caso da ocorrência de um evento, ação ou circunstância, gerando danos.

Dessa forma, uma ameaça é um provável perigo que pode explorar uma vulnerabilidade do usuário. Uma vulnerabilidade é uma condição, quando se explorada pelo atacante pode resultar em uma violação de segurança.

A entidade *Commom Vulnerabilities and Exposures* (CVE), em português Exposições e Vulnerabilidades Comuns, é uma iniciativa colaborativa de diversas organizações de tecnologia e segurança que criam listas de nomes padronizados para vulnerabilidades e outras exposições de segurança. O objetivo da CVE é padronizar as vulnerabilidades e riscos conhecidos, facilitando a procura, o acesso e o compartilhamento de dados entre diversos indivíduos e empresas.

A CVE possui uma definição própria de vulnerabilidade. Vulnerabilidade é uma fraqueza que uma lógica computacional, por exemplo, o código, encontrado nos componentes de software e hardware que, quando explorar, pode resultar em um impacto negativo contra a confidencialidade, integridade ou disponibilidade. A Mitigação de vulnerabilidades envolve alterações na codificação, mas pode também incluir alterações de especificações ou até mesmo depreciações nas especificações, por exemplo, a retirada e protocolos afetados. (CVE, 2022).

Uma exposição é configuração incorreta do sistema ou erro no software que permite acesso a informações ou capacidade que pode ser utilizado por um *hacker* como um trampolim para o sistema ou rede.

Um incidente de segurança pode ser definido como qualquer evento adverso, seja este confirmado ou sob suspeita, relacionado à segurança de sistemas computacionais ou de redes de computadores.

São exemplos de incidentes de segurança:

- Tentativas, com sucesso e sem sucesso, de obter acesso não autorizado para um sistema;
- Utilização ou acesso não autorizado a um sistema;
- Interrupção indesejada de serviço por ataques de negação de serviço;
- Modificações em um sistema, sem o conhecimento, instruções ou consentimento prévio do responsável do sistema;
- Desrespeito à política de segurança ou ao uso aceitável de uma empresa ou provedor de acesso.

A Organização Internacional de Padronização ou *International Organization for Standardization* (ISO) criou uma família de normas voltadas para gestão e operação da Segurança da Informação, ISO 27000 e suas variantes. A existência reflete o amadurecimento da área da área de segurança e impõe novos desafios para área de segurança de informação.

De acordo com (ISO/IEC, 2007), Ativo é "Qualquer coisa que tenha valor para a organização". Hardware, software desenvolvido para a empresa, uma marca comercial, um segredo ou patente industrial e serviços são exemplos de ativos em TI e Infraestrutura de Rede. Hardware e software podem ser objetos de ataques maliciosos como *worms*. Esses ataques custam tempo e dinheiro para empresas consertar ou substituir seus recursos. Adicionalmente, um ativo na infraestrutura da rede pode oferecer acessos a dados confidenciais aos atacantes cibernéticos. Dispositivos conectados à Internet são um primeiro ponto de ataques cibernéticos, por sua facilidade de acesso. Assim, é necessário também proteger esses ativos.

Esses conceitos de segurança de informação estão interligados da seguinte forma: "Uma **ameaça** explora uma **vulnerabilidade** presente em um **ativo,** que não é protegido por um **controle** de segurança" (GONTIJO, 2022).

1.4   PRINCÍPIOS DE SEGURANÇA DA INFORMAÇÃO

É inegável que as informações privadas devem ser seguras. Entretanto, quais são os requisitos necessários para classificar a informação como segura?

Para que isso ocorra as informações devem satisfazer três princípios fundamentais ou propriedades de informação. Se puder garanti-los, você satisfará os requisitos de informações seguras. Os três princípios são:

- Confidencialidade ou *Confidentiality*, em inglês.
- Integridade ou *Integrity*, em inglês.
- Disponibilidade ou *Availability*, em inglês.

Esses três princípios são comumente denominados Tríade CIA.

Figura 6 – Tríade de Princípios da Segurança da informação

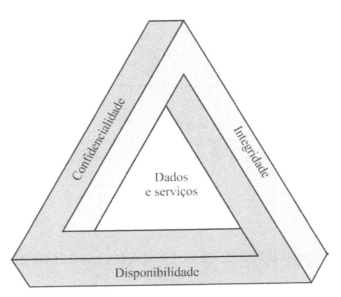

Fonte: (STALLINGS, BROWN, 2014, p. 19)

Uma **brecha de segurança** pode ser definida como qualquer evento que resulte em uma violação de qualquer um dos princípios de segurança, Disponibilidade, Integridade e Confiabilidade (KIM, SOLOMON, 2014).

1.4.1 Disponibilidade

Segundo o princípio da Disponibilidade, a informação é acessível por usuários autorizados sempre que a solicitarem, isto é, não deve ficar indisponível. Dessa forma, as informações e serviços devem estar disponíveis de acordo com as exigências de negócios.

A disponibilidade pode ser medida pelo tempo um aplicativo ou sistema fica ativo ou "no ar" pronto para uso quando solicitado, dentro de um desempenho aceitável. As Medidas mais frequentes de tempo de disponibilidade incluem as seguintes:

- Tempo de utilização: Representa a quantidade de tempo total que um sistema, aplicativo e dados ficam acessíveis. O tempo de utilização (ou *uptime*) normalmente é medido em unidades de segundos, minutos e horas, dentro de determinado mês.

- Tempo de paralisação: Apresenta a quantidade de tempo total que um sistema, aplicativo e dados não ficam acessíveis. O tempo de paralisação (ou *downtime*) também é medido em unidades de segundos, minutos e horas para um mês.

- Disponibilidade é calculada como o percentual do tempo que no qual o sistema está disponível e é dada por:

Por exemplo, para um serviço que tenha 30 minutos de tempo de paralisação em determinado mês de 30 dias é igual a 99,93% de disponibilidade no intervalo de um mês. Os provedores de serviço normalmente oferecem SLAs que variam de 99,5% a 99,999% de disponibilidade.

Outra métrica que pode ser utilizada é Tempo médio para falha ou *Mean Time to Failure* (MTTF), que representa o tempo médio entre falhas para determinado sistema.

- Tempo médio para reparo ou *Mean Time to Repair* (MTTR) representa a quantidade média de tempo necessária para reparar um sistema, aplicativo ou componente depois de detectada uma falha. O objetivo é colocá-lo novamente em atividade o mais rápido possível.

Empresas de telecomunicações oferecem aos clientes Acordos de Nível de serviço ou *Service Level Agreements* (SLAs). Um SLA é um contrato que garante disponibilidade mínima mensal de serviço para uma rede remota (WAN) e *links* de acesso à Internet. SLAs acompanham serviços de WAN e enlaces de acesso dedicado à Internet.

Assim, quando um fornecer estabelece um valor de disponibilidade, é determinado um nível de serviço que corresponde a um tempo de utilização para um determinado período, normalmente mensal.

1.4.2 Integridade

A informação deve ser confiável e não pode ser adulterada durante o transporte. Mantendo-se a integridade, previne-se que a informação seja modificada durante o transporte e armazenamento por usuários não autorizados além de não permitir modificações que usuários autorizados não realizem alterações não intencionais.

Com o objetivo de obter a integridade na transmissão e no armazenamento de dados, são empregadas funções de *hash* que atribuem ao processo de transporte e armazenamento um valor matemático. Os dados são transmitidos juntamente com o *hash*. No destino, separam-se os dados do *hash*, e é calculada a função de *hash* com os dados recebidos e verifica-se se o *hash* calculado no destino é igual ao calculado na origem.

Caso os dados sejam idênticos, a integridade da informação foi preservada. Entretanto, no caso de diferença no valor do *hash*, o dado deve ser descartado, pois a integridade foi comprometida. A função de *hash* será abordada posteriormente.

Dessa forma, deve-se garantir que a informação manipulada mantenha todas as características originais estabelecidas pelo proprietário da informação, incluindo controle de mudanças e garantia do seu ciclo de vida (nascimento, manutenção e destruição).

1.4.3 Confidencialidade

Por sua vez, pela confidencialidade a informação é acessível por usuários autorizados sempre que a solicitarem e fica protegido do acesso por pessoas não autorizadas. A confidencialidade é a garantia de que os dados sejam acessados por quem realmente pode ter acesso.

Assim, é a proteção de sistemas de informação para impedir que pessoas não autorizadas tenham acesso ao mesmo. O aspecto mais importante desta propriedade é garantir a identificação e autenticação das partes envolvidas.

Para garantir a confidencialidade das informações, são utilizados, criptografia, controle de acesso, assinatura digital, classificação de informações e desenvolvimento de normas e procedimentos de segurança de informação.

Com a utilização de aplicativos de criptografia, os dados de rede se tornam ilegíveis para usuários não autorizados. Adicionalmente, a conversa entre dois usuários de telefone IP também pode ser criptografada. Uma tendência é que toda comunicação seja criptografada. Assuntos de criptografia e controle de acesso que são formas de garantir a confidencialidade serão abordados posteriormente no capítulo 6.

1.4.4 Exemplo de aplicação dos princípios de segurança

Um exemplo do cotidiano é observar esses pilares da CIA (confidencialidade, integridade e disponibilidade) quando utilizamos um caixa eletrônico (ATM), que, por exemplo, está localizado em um supermercado.

Em relação à confidencialidade, o ATM requer uma autenticação de duplo fator para prover confidencialidade, isto é, irá requerer o cartão físico da conta desses clientes (algo que a pessoa possui) e a senha da conta (algo que a pessoa sabe) ou a biometria do usuário antes de acesso a conta (algo que a pessoa é). Algo que o usuário sabe ou algo que a pessoa tenha para provar que a pessoa tenha acesso à conta.

No pilar de integridade, as movimentações realizadas no caixa eletrônico serão refletidas na conta do cliente, seja um pagamento de conta, depósito ou saque. Quando ocorre erro em uma transação, por exemplo, falha no saque do cliente, essa movimentação não ser debitada da conta do cliente.

Por estar localizado em um local fora da agência bancária, o caixa eletrônico deverá disponível mesmo que a agência bancária esteja fechada e é fundamental que esteja a maior parte do tempo ligado aos servidores do banco.

1.4.5 Outros princípios de segurança

Além da tríade CIA, Sêmola (2003) acrescenta outros aspectos da segurança da informação, são eles:

- Legalidade: Garantia de que a informação foi produzida em conformidade com a lei;
- Autenticidade: garantia de que num processo de comunicação os remetentes sejam exatamente o que dizem ser e que a mensagem ou informação não foi alterada após o seu envio ou validação, uma característica muito relevante para *e-commerce* e *internet banking*.

A verificação de autenticidade é necessária após todo o processo de identificação, seja de um usuário para um sistema, de um sistema para outro sistema ou de um usuário para um sistema.

Outro aspecto útil de segurança é denominado Não Repúdio ou Irretratabilidade que consiste no desenvolvimento de métodos e técnicas de modo que o emissor da informação não possa negar ter enviado a informação. Essa propriedade está relacionada com as assinaturas digitais, é possível comprovar para um terceiro o remetente da comunicação.

A propriedade da Confiabilidade ou *Reliability* garante que comportamento e o resultado são consistentes com a intenção.

O modelo STRIDE, desenvolvido pela Microsoft, insere uma propriedade adicional que é a Autorização. Para essa propriedade, a ameaça é Elevação de Privilégios na qual um usuário sem privilégios obtém acesso privilegiado e, portanto, tem acesso suficiente para comprometer ou destruir todo o sistema. Um exemplo de situação de elevação de privilégios ocorre quando um invasor penetra de forma eficaz em todas as defesas do sistema e se tornam parte do sistema confiável em si, tornando a situação perigosa de fato.

INTRODUÇÃO À CIBERSEGURANÇA

> **SAIBA MAIS**
>
> O modelo STRIDE categoriza os tipos de ameaças à segurança em Falsificação ou *Spoofing*, Adulteração ou *Tampering*, Não Repúdio ou *Non-repudiation*, Detalhamento da informação *ou Information Disclosure*, Negação de Serviço ou *Denial of Service* e Elevação de Privilégio ou *Elevation of Privilege*. O acrônimo STRIDE é formado com a inicial de cada tipo de ameaça e está apresentado na Figura a seguir.

Figura 7 – Acrônimo STRIDE

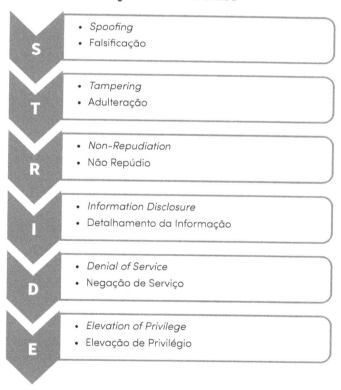

Fonte: Autoria própria

> Mais detalhes sobre o STRIDE está disponível em: https://docs.microsoft.com/pt-br/azure/security/develop/threat-modeling-tool-threats#stride-model. Acessado em 13 jun. 2022.

1.5   RELEVÂNCIA DO TEMA CIBERSEGURANÇA

O tema é tão importante que existe a comemoração anual no dia 08 de fevereiro do Dia da Internet Segura (*Safer Internet Day*) que tem como lema "Unidos para uma Internet mais positiva". O propósito dessa comemoração é envolver e unir usuários, empresas privadas e públicas na promoção de atividade e conscientização em torno do uso seguro, ético e responsável da Internet em escolas, universidades, ONGs e na própria rede. A primeira edição do Dia da Internet Segura ocorreu em 2004 e é celebrado em aproximadamente 200 países pelo mundo.

A questão de segurança na Web é uma questão tão frequente que foi criada uma cartilha de Segurança para Internet, um documento com recomendações e dicas para o usuário de internet aumentar sua segurança e se proteger de potenciais ameaças (CERT.br, 2012).

Tanto para você quanto para boa parte da população brasileira, a vida seria mais difícil sem poder usufruir das facilidades e oportunidades trazidas pela Internet. Por meio dela, podemos realizar compras, transações bancárias, estudar, assistir vídeos, ler notícias, consultar a programação cultural, verificar a previsão do tempo para o fim de semana, entre outras atividades.

Entretanto, esses benefícios devem ser aproveitados de forma segura e existem riscos aos quais estamos expostos. Por isso, devem-se tomar medidas preventivas adequadas. Tanto para pessoas, quanto para empresas.

Entre no link para ver sobre a edição do Dia da Internet Segura do ano de 2022.

https://www.safernet.org.br/site/sid2022/programacao

A série de TV americana Mr. Robot tem como protagonista Elliot Alderson, um engenheiro de cibersegurança e *hacker*. Mr. Robot teve excelente nível de audiência e teve três temporadas.

Um filme que trata de ataques à rede é "Invasores: Nenhum sistema está salvo" cujo título original é *Who Am I – Kein System ist Sicher*, lançado em 2014 na Alemanha.

A próxima seção irá mostrar a relevância econômica da Cibersegurança, apresentando os custos envolvidos em sua implementação.

1.6 CUSTOS DOS ATAQUES CIBERNÉTICOS

Anualmente ocorrem milhares de cibercrimes, com custos para empresas variando de algumas centenas de dólares até milhões de dólares. O risco do cibercrime para operações corriqueiras continua crescente para a maior parte das organizações. O tempo para remedir um ataque cibernético pode ser considerável. As empresas precisam fazer mais do que prevenir a ocorrência de incidentes cibernéticos, pois também será necessário acelerar o serviço de backup, endereçar rupturas em negócios e reparar danos à moral dos empregados e à confiança do consumidor.

Olhando pelo ponto de vista do criminoso, os crimes virtuais são mais vantajosos que os crimes presenciais, pois existem ferramentas que auxiliam no cibercrime e o risco dos cibercriminosos pode ser baixo. Apesar do aperfeiçoamento das leis do ciberespaço, os cibercriminosos mais sofisticados geralmente escapam dos processos de condenação e prisão.

O cibercrime também está aumentando porque dependemos do ciberespaço para conduzir nossas rotinas e as necessidades empresariais. Adicionalmente, os cibercriminosos adotam novas tecnologias rapidamente, o que oferece vantagem frente aos defensores e explica parte desse aumento. A conclusão é que o cibercrime é seguro e lucrativo para os criminosos, ocorre em um ambiente em constante expansão e prospera em sistemas vulneráveis.

O crime cibernético opera em largas escalas, pois a quantidade de atividades maliciosas na Internet é impressionante. Segundo McAfee (2018), um importante provedor de serviços de Internet, em inglês *Internet Service Provider* (ISP), estima 80 bilhões verificações maliciosas por dia, através de esforços automatizados para identificar alvos vulneráveis para criminosos cibernéticos. Muitos pesquisadores rastreiam a quantidade de novos *malwares* lançados, com estimativas variando de 300 mil a 1 milhão de vírus e programas mal-intencionados criados todos os dias.

A maior parte destes são *scripts* automatizados que pesquisam a web para dispositivos e redes vulneráveis. O *phishing* é uma maneira muito popular e fácil de cometer crimes cibernéticos, com o Grupo de Trabalho Anti-Phishing (APWG) registrando mais de 1,2 milhão de ataques em 2016, muitos deles vinculados ao *ransomware*, que consiste em um sequestro dos dados da empresa. Esse número pode ser baixo, uma vez que o FBI estimou que houvesse 4.000 ataques de *ransomware* todos os dias em 2016. *Privacy Rights Clearing House* estima que houve 4,8 bilhões de registros perdidos como resultado de violações de dados em 2016, com os *hackers* responsáveis por cerca de 60% deles.

A atividade criminosa na Internet é muito mais ampla que o crime cibernético como que essencialmente todos os elementos de atividade humana que migraram para o ciberespaço. Para a mensuração de custos de segurança, serão consideradas todas as atividades maliciosas nas quais os criminosos ganham acesso ao computador ou à rede da vítima.

Segundo os relatórios *Economic Impact of Cybercrime – No Slowing Down* elaborado pela McAfee (MCAFEE, 2018) e *The Hidden Costs of Cibercrime* (MCAFEE, 2020), os custos do cibercrime são compostos por: crimes financeiros e fraudes *online*, geralmente resultado de perda de informação de identificação pessoal, manipulação financeira, utilizando informação de negócios sensíveis, perda de propriedade intelectual e informação confidencial sobre negócios, custos de oportunidade incluindo redução de atividades confiáveis *online* e interrupção na produção ou execução de serviços. Além disso, há os custos de compra de hardware, software e dispositivos de segurança e o custo da equipe de cibersegurança e de treinamentos.

O gráfico a seguir apresenta a evolução o valor médio do custo do cibercrime em bilhões de dólares nos diferentes anos em que o relatório foi produzido pela McAfee. Existe um relevante crescimento do custo do cibercrime de mais de 50% entre os anos de 2018 e 2020.

Figura 8 – Gráfico do custo do cibercrime global

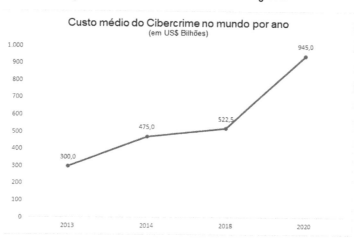

Fonte: adaptado de (McAfee, 2020)

Outros custos envolvidos no crime cibernético são desenvolvimento de hardware e software para tornar uma rede mais segura, compra de seguros contra ataques virtuais, o pagamento de reembolsos de ataques cibernéticos, a reputação das empresas e risco à imagem das empresas hackeadas e suas marcas, incluindo quedas temporárias do valor da ação.

Dependendo da metodologia adotada para o cálculo e dos dados utilizados, o custo anual do cibercrime global pode variar significativamente entre dezenas de bilhões a um trilhão de dólares.

Para o relatório da McAfee de 2018, a faixa de custo anual da segurança na Internet por todo o mundo está entre US$ 445 bilhões e US$ 600 bilhões, que representa 0,8% de todo o produto bruto gerado mundialmente naquele ano.

A tabela a seguir apresenta a distribuição do custo da segurança da Internet por região do planeta, comparando custo do crime cibernético com o Produto Interno Bruto de cada região.

Tabela 2 – Custo do crime cibernético por região do mundo

Região do Mundo	PIB da Região (em US$ trilhões)	Custo do crime cibernético na região (em US$ bilhões)	Custo do crime cibernético (em % do PIB)
América do Norte	20,2	140 a 175	0,69% a 0,87%
Europa e Ásia Central	20,3	160 a 185	0,79% a 0,89%
Leste Asiático e Ásia-Pacífico	22,5	120 a 200	0,59% a 0,89%
Sul da Ásia	2,9	7 a 15	0,24% a 0,52%
América do Sul e Caribe	5,3	15 a 30	0,28% a 0,57%
África Subsaariana	1,5	1 a 3	0,07% a 0,20%
Oriente Médio e Norte da África	3,1	2 a 5	0,06% a 0,16%
Mundo	75,8	445 a 608	0,59% a 0,80%

Fonte: adaptado de (MCAFEE, 2018).

Analisando a tabela, as três regiões com maiores custos do crime cibernético são Europa e Ásia Central, América do Norte e Leste Asiático/Ásia-Pacífico, tanto em valores absolutos como percentual em relação ao PIB.

Para se ter uma referência do tamanho dessa perda com o crime cibernético, se esse valor fosse o total produzido pela economia de um país, o cibercrime corresponderia ao 22º maior PIB do mundo, segundo ranking do Fundo Monetário Internacional (FMI). Os pesquisadores indicam que, cada vez mais, há integração entre redes de criminosos, com prestação de serviços como aluguel de máquinas para ataques e venda de programas para roubar informações.

Uma das razões para o crescimento do crime cibernético é o ganho financeiro, a possível facilidade dado um risco relativamente baixo para os criminosos virtuais. Mesmo com alterações na lei com ampliação das penas para crimes virtuais, os criminosos mais sofisticados frequentemente escapam de condenação e da prisão.

Existem dezenas de milhares ferramentas para realizar ataques virtuais disponíveis na *Dark Web*, uma área oculta da internet e usada para atividades ilícitas como mercado ilegal de drogas, armas e dados roubados como números de cartões de crédito. As vantagens na utilização da *Dark Web* são o anonimato, decorrente da utilização de um navegador Tor, uma abreviação de *The Onion Router*, que permite comunicação anônima. Na *Dark Web*, os serviços e sites são praticamente irrastreáveis e é possível realizar ações ilegais para usuários e provedores.

Adicionalmente, o crescimento das moedas virtuais ou criptomoedas, sendo a mais conhecida delas o Bitcoin, é apontado como facilitador das atividades ilegais, pois que permite o pagamento a anônimos.

Felizmente, muitas empresas e profissionais como você trabalham com afinco para proteção dos recursos de Tecnologia de Informação (TI) contra as ameaças do mundo virtual e para manutenção da segurança para os computadores contra ataques maliciosos.

1.6.1 Impacto da pandemia para os ataques cibernéticos

A informação é um Ativo valioso para as empresas. Possuir Informação é ganhar agilidade, competitividade, previsibilidade, dinamismo. Informação é um diferencial. A Informação é considerada como o "novo petróleo" do mundo digital

Durante a pandemia do COVID-19, como as operações das empresas e escolas foram forçadas a migrar para ambientes digitais em um curto espaço de tempo, houve um aumento no número de ataques virtuais ao redor do mundo afetando empresas privadas, empresas públicas, órgãos governamentais e os usuários individuais.

Milhões de pessoas por todo o globo terrestre passaram a acessar às redes corporativas e os servidores das empresas a partir de suas residências, que normalmente possuem níveis de segurança inferiores aos de redes corporativas. Por isso, muitas empresas reforçaram suas políticas de segurança, para garantir acesso remoto com segurança independentemente do local onde o colaborador está trabalhando.

Adicionalmente, as pessoas receberem diversos ataques em seus dispositivos móveis, principalmente com golpes no WhatsApp com pedidos urgentes de transferências de familiares ou amigos para conta de terceiros no sistema de pagamentos instantâneo brasileiro, Pix.

Durante a pandemia e aproveitando-se do interesse global pelo tema COVID-19, foram criados milhares de domínios maliciosos, campanhas de *spam* e *phishing* e esquemas de fraudes com intuito de roubar credenciais de usuários, desenvolver *malwares* ou obter acesso não autorizado a informações sensíveis.

Infelizmente, durante a pandemia, os ataques cibernéticos também focaram em centro de pesquisa médica e hospitais. Isto inclui a Organização Mundial da Saúde (OMS), que depois de sucessivos ataques, teve o vazamento de centenas de usuários e senha de seus funcionários divulgados *online*.

A dificuldade de instituições hospitalares serem estarem mais seguras do ponto de vista de ataques cibernéticos é agravada pela lógica do seu funcionamento. Por exemplo, as atualizações de software não são realizadas com frequência, pois os equipamentos que utilizam estarem em constante utilização, os espaços de hospitais estão sujeitos à circulação diária de milhares de pessoas, tais como médicos e funcionários, que muitas vezes estão cansados fisicamente e sob pressão, e existe fácil acesso a computadores e servidores.

1.6.2   Usuários: Elo mais fraco

Em uma rede conectada à Internet, a cibersegurança é tão forte quanto seu elo mais fraco. O elo mais fraco na segurança cibernética pode ser as pessoas que trabalham na organização, e a engenharia social é uma grande ameaça à segurança. O ser humano é muito susceptível a erro seja por descuido, falta de conhecimento ou pela pressão de uma situação com maior nível de stress. Muitos colaboradores não seguem as políticas de segurança recomendadas pela empresa, que podem gerar um maior trabalho ao usuário. Por isso, uma das medidas de segurança mais eficazes que uma organização pode tomar é treinar seu pessoal e criar uma "cultura consciente da segurança".

Nem mesmo os profissionais de segurança de informações estão imunes a erros que possa comprometer a segurança. Nenhuma organização pode controlar totalmente o comportamento de seus colaboradores. Assim, todas as organizações precisam estar preparadas para a existência dos usuários maliciosos, não treinados e descuidados.

Apesar da adoção de políticas de segurança da informação, em alguns casos, os usuários internos não seguem as recomendações da empresa sobre utilização dos equipamentos, adotam senhas fracas para utilização de sistemas críticos ou repassam informação para terceiros, como a sua própria senha. Em muitos casos, essas falhas ocorrem por falta de treinamento e de forma não intencional e representam uma ameaça à segurança. Adicionalmente, os atacantes utilizam técnicas de Engenharia Social para conseguir as informações que necessitam para um futuro ataque.

Uma falta de atenção ou julgamento equivocado de um funcionário que informe suas credenciais de acesso a um terceiro ou que clique em um *link* de um e-mail suspeito podem ocorrer a qualquer momento, geralmente sem nenhum aviso e permitir um acesso não autorizado à rede corporativa.

1.7 ÉTICA E INTERNET

O governo dos Estados Unidos e o Grupo de Arquitetura de Internet, em inglês, *Internet Architecture Board* (IAB), definiram uma política relativa ao uso aceitável da Internet, voltado para cidadãos americanos. Porém, essa não é uma lei ou uma obrigação; como o ciberespaço é global e inteiramente livre de fronteiras, essa política não pode ser imposta. Seu uso é baseado em bom senso e em integridade pessoal.

Ética é uma questão de integridade pessoal. A profissão de segurança de sistemas trata de fazer o que é certo e impedir o que é errado. Usar a Internet é um privilégio compartilhado por todos. Esse é um meio de comunicações sem fronteiras, sem parcialidades culturais e sem preconceitos. Os usuários têm o privilégio de se conectar, algo pelo qual devemos ser gratos. Infelizmente, bandidos utilizam o ciberespaço para cometer crimes e causar problemas, o que criou uma necessidade global de profissionais de segurança de sistemas.

O IAB endossa firmemente a visão do Painel Consultivo (*Division Advisory Panel)* da Fundação Nacional de Ciência (*National Science Foundation*), Divisão de Rede, Pesquisa em Comunicações e Infraestrutura (*Division of Network, Communications Research and Infrastructure*) que, parafraseando, caracterizou como antiética e inaceitável qualquer atividade que propositadamente:

a. Busque obter acesso não autorizado aos recursos da Internet,

b. Atrapalhe o uso pretendido da Internet,

c. Desperdice recursos (pessoas, capacidade, computador) por meio de tais ações,

d. Destrua a integridade de informações baseadas em computador e/ou,

e. Comprometa a privacidade dos usuários.

1.8   CASOS REAIS DE ATAQUES CIBERNÉTICOS

Existem milhares de tentativas de ataques a empresas realizadas diariamente, sendo que a maioria dos ataques é infrutífero devido às proteções de segurança adotadas pelas empresas. Entretanto, uma pequena parte desses ataques consegue impactar as empresas.

Há um painel que apresenta uma linha do tempo de incidentes cibernéticos ocorridos no Brasil.

SECURITY REPORT. Painel de Incidentes Cibernéticos. Disponível em https://www.securityreport.com.br/email/InfoSR2022_.html. Acessado em 15 nov. 2022.

1.8.1   Exemplo de violação de segurança – VTech

A empresa de brinquedos conectados e de alta tecnologia para as crianças VTech, que tem sede em Honk Kong, expôs informações confidenciais, incluindo nomes de cliente, endereços de e-mail, senhas, fotos e registros de bate-papo devido a práticas de segurança inadequadas.

A companhia incentivava pais e crianças a preencher perfis no site da VTech com fotos e dados pessoais. Em novembro/2015, um especialista em segurança descobriu que estes perfis poderiam ser acessados por um dos sites da VTech.

Um brinquedo *tablet* tinha-se tornado num novo alvo para os piratas informáticos. Os clientes tinham partilhado fotografias e utilizado as funcionalidades de chat através dos *tablets* de brincar. A informação não foi protegida adequadamente e o website da empresa não suportava a comunicação SSL segura. Embora a falha não tenha exposto quaisquer informações de cartão de crédito nem dados de identificação pessoal, a preocupação com o ato de pirataria informática foi de tal ordem que levou à suspensão da empresa da bolsa de valores.

VTech não protegeu as informações corretamente e, além do site não ser seguro, os dados trafegados não eram encriptados, contrariando a política de privacidade de segurança da própria VTech. Adicionalmente, regras de proteção de privacidade de dados de crianças também foram desrespeitadas.

Embora a empresa tenha informado os clientes que as respetivas palavras-passe tinham sido protegidas por *hash*, ainda era possível que os piratas informáticos as decifrassem. As palavras-passe na base de dados foram codificadas utilizando a função *hash* MD5, mas as perguntas e respostas de segurança estavam armazenadas em texto simples. Infelizmente, a função *hash* MD5 tem vulnerabilidades conhecidas. Os piratas informáticos podem determinar as palavras-passe originais ao compararem milhões de valores de *hash* pré-calculados.

Os *hackers* podem criar contas de e-mail, pedir créditos e cometer crimes usando as informações das crianças e também assumiram as contas *online* dos pais no site da VTech.

A quantidade de pais e crianças afetadas é difícil de estimar, mas foram expostos aproximadamente 5 milhões de registros dos pais e mais de 200 mil contas das crianças estavam acessíveis.

Com as informações expostas nesta falha de dados, os cibercriminosos poderiam utilizá-las para criar contas de e-mail, solicitar créditos e cometer crimes antes de as crianças terem idade escolar. No caso dos pais destas crianças, os cibercriminosos poderiam apoderar-se das contas *online* porque muitas pessoas reutilizam as palavras-passe em diferentes websites e contas.

A falha de segurança não só teve impacto sobre a privacidade dos clientes como arruinou a reputação da empresa, conforme indicado pela própria empresa quando a sua presença na bolsa de valores foi suspensa.

Para os pais, é uma chamada de atenção para estarem mais atentos à privacidade *online* dos filhos e para exigirem uma melhor segurança dos produtos para crianças. Para os fabricantes de produtos ligados em rede, significa que têm de ser mais veementes na proteção dos dados e da privacidade dos clientes, agora e no futuro, à medida que o panorama dos ciberataques se desenvolve.

A empresa foi investigada por autoridades americanas e, em Janeiro/2018, foi punida com uma multa de US$ 650.000 e intimada a não repetir essa falha de privacidade no futuro.

> **Mais detalhes sobre a condenação da empresa VTech estão disponíveis em** <https://www.ftc.gov/news-events/news/press-releases/2018/01/electronic-toy-maker-vtech-settles-ftc-allegations-it-violated-childrens-privacy-law-ftc-act>. **Acesso em 04 dez. 2022.**

1.8.2 Exemplo de violação de segurança – Equifax

A Equifax é uma agência de geração de relatório de crédito ao consumidor, fundada em 1899, com sede em Atlanta nos Estados Unidos da América. A empresa opera ou tem subsidiárias em mais de 20 países na América Central e do Sul, Europa e Ásia e possui mais de 10 mil colaboradores. Ironicamente, supõe-se que uma das maiores agência de monitoramento de crédito deveria resguardar os registros de créditos e informações pessoais sensíveis em um local totalmente seguro.

Em 2017, houve uma brecha de segurança possibilitou que informações pessoais sensíveis e financeiras, tais como número de serviço social, datas de nascimento, endereços, números de habilitações e informações de cartões de crédito. O acesso ilegal às suas bases de dados potencialmente expôs as informações de mais de 140 milhões de pessoas.

Os invasores exploraram uma vulnerabilidade no software de aplicativo da web. A Equifax montou um site dedicado com um novo nome de domínio, que permitiu aos criminosos criar sites não autorizados para o esquema de *phishing*.

O escândalo causado pela divulgação do vazamento de dados levou à empresa numa crise, acarretando saída do presidente-executivo, Richard Smith, e várias audiências no Congresso dos EUA, pois a prática de divulgação da empresa sobre o vazamento.

Em 2019, a empresa fez um acordo para encerrar os processos de consumidores prejudicados com vazamento de dados e pagou US$ 700 milhões de dólares, que equivaliam na época a R$ 2,6 bilhões.

Após a condenação, foi desenvolvido o site *The Equifax Data Breach Settlement Website* para que as pessoas impactadas conseguissem pelo vazamento conseguissem receber sua indenização. Disponível em https://www.equifaxbreachsettlement.com/. Acesso em 04 dez. 2022.

1.8.3   Exemplo de violação de segurança – JBS USA

O ataque cibernético à empresa JBS USA, uma empresa global de processamento de alimentos, interrompeu a produção de carne na América do Norte e Austrália no dia 30 de maio de 2021, conforme comunicado oficial da empresa. Foram afetados os sistemas que controlam a operação das fábricas. Este ataque cibernético foi claramente motivado para obtenção de ganho financeiro, devido à empresa ser o maior produtor de carne no mundo e ter receitas bilionárias.

Embora a empresa tenha realizado uma ação imediata da empresa e o sistema de recuperação de desastres tenha funcionado, a empresa decidiu fazer o pagamento de cerca de US$ 11 milhões de dólares, para mitigar os riscos do incidente e evitar que os dados sequestrados, fossem expostos. Os resultados da investigação forense preliminar da empresa confirmaram que nenhum dado da empresa, cliente ou funcionário foi comprometido.

A capacidade da JBS USA de resolver rapidamente os problemas resultantes do ataque foi devido aos seus protocolos de segurança cibernética, sistemas redundantes e servidores de backup criptografados. O orçamento anual da área de TI da empresa é superior a US$ 200 milhões.

Após ter conhecimento da intrusão, a empresa contatou os agentes federais do FBI e ativou seus protocolos de cibersegurança, incluindo o desligamento voluntário de todos os seus sistemas de modo a isolar a intrusão, limitar o potencial de infecção na rede e preservar os sistemas centrais. Adicionalmente, a empresa realizou a criptografia dos servidores de backup, que não foram infectados durante o ataque. Este fato permitiu que a empresa retornasse às operações antes do esperado.

Para mais informações sobre esse ataque, acesse:

Fonte: Disponível em: https://www.securityreport.com.br/destaques/jbs-paga-us-11-milhoes-de-resgate-apos-ataque-ransomware/#.YrYkKuzMJD9. Acesso em 10 out. 2022.

Disponível em:

https://jbsfoodsgroup.com/articles/jbs-usa-cyberattack-media-statement-may-31. Acesso em 10 out. 2022.

2. CONHECENDO OS OPONENTES

Para manter um sistema computacional conectado de forma segura, é necessário conhecer detalhadamente os atacantes virtuais, suas motivações, as técnicas aplicadas e as ferramentas utilizadas por estes. Neste capítulo, serão apresentadas as informações sobre atacantes de rede virtuais, tais como o tipo de criminosos virtuais, suas motivações, uma lista de ferramentas utilizadas e a sua forma de atuação através da metodologia *Cyber Kill Chain*.

2.1 CRIMINOSOS VIRTUAIS

Os invasores são indivíduos ou grupos que tentam explorar vulnerabilidades para ganho pessoal ou financeiro. Os invasores estão interessados em informações como números de cartões de crédito a projetos de produtos e qualquer coisa com valor.

A atividade de *hacker* começou nos anos 1960 com o *freaking* ou *phreaking* telefônico, que se refere ao uso de várias frequências de áudio para manipular sistemas telefônicos. Naquela época, as centrais telefônicas usavam vários tons, ou discagem por tom, para indicar funções diferentes. Os primeiros agentes de ameaça perceberam que, imitando um tom usando um apito, eles poderiam explorar os comutadores telefônicos para fazer chamadas gratuitas de longa distância.

Em meados da década de 1980, conexões discadas e modems foram usados para conectar computadores a redes. Atores de ameaças escreveram programas de "discagem de guerra" que discavam cada número de telefone em uma determinada área em busca de computadores, sistemas de boletins e aparelhos de fax. Quando um número de telefone era encontrado, programas de quebra de senha eram usados para obter acesso. Desde então, os perfis e motivos gerais dos agentes de ameaças mudaram um pouco.

Os atacantes são indivíduos ou grupos que buscam explorar vulnerabilidades para ganhos pessoais, como fama e reputação na comunidade *hacker*, ou financeiros. Eles possuem diferentes interesses desde números de cartões de crédito de terceiros a projetos de lançamento de produtos. A Figura a seguir mostra as diferentes classificações de criminosos virtuais que pode estar dentro da empresa (*Insiders*) ou estar fora da empresa (*Outsiders*).

Figura 9 – Classificação de Criminosos virtuais

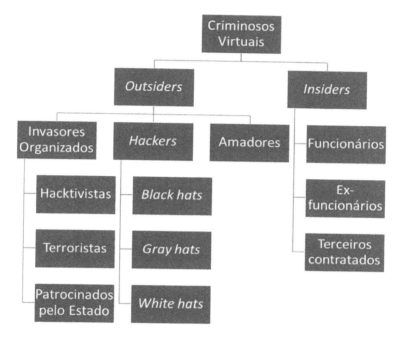

Fonte: Autor adaptado de (CISCO, 2020)

2.1.1 Criminosos virtuais internos

Os ataques cibernéticos podem ser originados por pessoas de dentro ou de fora da empresa. Os Insiders podem ser funcionários insatisfeitos, ex-funcionários da empresa ou pessoas contratadas por empresas terceirizadas. Um usuário interno pode permitir um ataque, de forma acidental ou intencional, se:

- Tratar erroneamente os dados confidenciais;
- Ameaçar as operações de servidores internos ou de dispositivos de infraestrutura de rede;
- Facilitar ataques externos conectando mídias USB infectadas no sistema de computador corporativo;

- Convidar acidentalmente *malware* para a rede por e-mail ou sites mal-intencionados.

Ameaças internas também têm o potencial de causar maior dano que as ameaças externas, pois os usuários internos já possuem acesso direto às instalações físicas e aos dispositivos de infraestrutura. Adicionalmente, os funcionários possem conhecimento sobre a rede corporativa, os recursos disponíveis da empresa, como bases de dados confidenciais, além de diferentes níveis de usuário ou privilégios administrativos.

2.1.2 Criminosos virtuais externos – Hackers

Os atacantes externos, sejam estes amadores ou habilidosos, podem explorar vulnerabilidades na rede, obter acesso não autorizado aos recursos computacionais ou utilizar engenharia social para obter dados da organização.

Uma categoria de criminosos virtuais externos são os invasores amadores, também chamados de *hackers* inexperientes ou *script kiddies*. É composto por invasores com limitada ou nenhuma qualificação profissional e que frequentemente utilizam ferramentas ou instruções encontradas na Internet para lançar ataques.

Apesar de utilizarem ferramentas básicas, os resultados dos ataques ainda podem ser devastadores, caso os sistemas atacados não tenham a segurança adequada e atualmente existe uma variedade de ferramentas de ataque disponíveis. A evolução das ferramentas reduziu consideravelmente a necessidade de um conhecimento técnico para execução bem-sucedida de um ataque. Normalmente, os ataques desse grupo não possuem um fim lucrativo.

O grupo dos *Hackers* são que um grupo de invasores entra em computadores ou redes para obter acesso. Dependendo da intenção da invasão, esses invasores são classificados como chapéu branco (*white hat*), chapéu cinza (*gray hat*) ou chapéu preto (*black hat*). Os invasores *white hat* entram em redes ou sistemas de computador com anuência dos proprietários para descobrir fraquezas, com o objetivo de melhorar a segurança. Essas invasões são feitas com prévia autorização e todos os resultados são relatados ao proprietário.

Por outro lado, os invasores "do mal" (*black hat*) aproveitam qualquer vulnerabilidade para ganho pessoal, financeiro ou ganho político. Os invasores suspeitos (*gray hat*) situam-se entre os invasores "do bem" (*white hat*) e os invasores "do mal" (*black hat*). Os invasores *gray hat* podem encontrar uma vulnerabilidade em um sistema. Os *hackers gray hat* poderão relatar a vulnerabilidade aos proprietários do sistema se essa ação coincidir com sua agenda. Alguns *hackers gray hat* publicam os fatos sobre a vulnerabilidade na Internet para que outros invasores possam explorá-la.

A acepção *hacker* é um tema controverso e é um termo comum usado para descrever um ator de ameaça. É comum a imprensa ou o público em geral utilizar o termo *hacker* para qualquer acusado de utilizar a tecnologia para fraudes de cartão de crédito, terrorismo, roubo de identidade e vandalismo. As comunidades de computação definem o *hacker* como um profissional especialista ou programador de vasto conhecimento técnico, que tem satisfação em explorar e aprender sistemas computacionais (KIM, SOLOMON, 2014, p. 68).

O *Ethical Hacking* emprega habilidades computacionais e de rede com objetivo de auxiliar as empresas no teste da segurança da rede para potenciais vulnerabilidades ou brechas de segurança. Como existe autorização das empresas e estão delimitados o que os *hackers* éticos poderão realizar na rede, esta prática é legal e não há a intenção de causar dano. O objetivo é reportar todas as vulnerabilidades dos sistemas para correção e, consequentemente melhor a segurança dos sistemas de informação da organização.

Diversas organizações sejam empresas privadas, universidades ou instituições governamentais estão contratando *Hackers* Éticos para melhoria da sua cibersegurança. *Ethical Hacking* envolve a utilização de ferramentas de *hacking*, técnicas e truques utilizados para um atacante para verificar a existência de vulnerabilidades exploráveis no sistema de segurança.

Outra categoria são os *Hackers gray-hat*, *hackers* de chapéu-cinza ou aspirantes que possuem capacidades medianas e pode, futuramente, se tornar um *hacker black-hat* ou um *hacker white-hat*, dependendo das suas intenções com os ataques.

A Tabela a seguir apresenta as diferentes de motivações dos *hackers* de Chapéu Branco / Chapéu Preto.

Tabela 3 – Motivações de *hackers* de Chapéu Branco/ Chapéu Preto

	Motivações e Objetivos
Hackers de chapéu branco	Buscam aprender coisas novas, proteger a rede sob sua responsabilidade contra invasão ou dados, e manter o *status quo*. Trabalham com a sanção das organizações oficiais.
Hackers de chapéu cinza	Buscam alcançar fama e crédito por resolver quebra-cabeças de rede desafiadores. Estão mais interessados em danos do que em pilhagem. Os *hackers*-ativistas que alteram sites e redes de malfeitores alvo (p. ex., corporações envolvidas em comércio de peles, venda de tabaco, aborto) fazem parte deste grupo.
Hackers de chapéu preto	Buscam obter pagamentos em dinheiro ou causar ofensas. Podem roubas segredos comerciais, números de cartão de crédito, listas de clientes e listas de funcionários. Querem toda informação que puderem conseguir para gerar lucro. Trabalham sem a sanção de organizações oficiais ou extraordinárias.

Fonte: (BASTA, 2014, p. 3)

2.1.3   Criminosos virtuais externos – Invasores Organizados

Outro grupo são os *Hackers* organizados, esses *hackers* incluem empresas de criminosos virtuais, hacktivistas, terroristas e *hackers* patrocinados pelo Estado. Os criminosos virtuais geralmente são grupos de criminosos profissionais, focados em controle, poder e riqueza. Os criminosos são altamente sofisticados e organizados e ainda podem fornecer o crime digital como um serviço a outros criminosos.

Os hacktivistas fazem declarações políticas para sensibilizar para questões que são importantes para eles. Os invasores patrocinados pelo estado reúnem informações ou cometem sabotagem em nome de seu governo. Esses invasores geralmente são altamente treinados e bem remunerados e seus ataques são concentrados em objetivos específicos e benéficos para o seu governo. Os hacktivistas protestam publicamente contra organizações ou governos, publicando artigos, vídeos, vazando informações confidenciais e realizando ataques do tipo Negação de serviço distribuída ou *Distributed Denial of Service* (DDoS) , que tem objetivo tornar os serviços da organização atacada mais lentos ou indisponíveis.

Os *hackers* patrocinados pelo Estado são atores de ameaças que roubam segredos do governo, coletam informações e sabotam redes de governos estrangeiros, grupos terroristas e corporações. A maioria dos países do mundo participa, em algum grau, em ataques de *hackers* patrocinados pelo estado. Dependendo da perspectiva de uma pessoa, estes são *hackers* podem ser classificados como *white hat* ou *black hat*.

Outro termo muito frequente é o *cracker*. O *cracker* tem uma intenção hostil, possui habilidades computacionais bastantes sofisticadas e está interessado em obter ganhos financeiros, diferentemente do *hacker*. Esses tipos de atacantes são a maior ameaça a recursos de informação e redes, e estão relacionados a fraudes, roubos de dados, destruição de dados, bloqueios de acesso, entre outras atividades com intenções maliciosas.

2.2 GUERRA CIBERNÉTICA

Um termo utilizado para nos referirmos a conflitos na internet entre países é guerra cibernética ou *ciberwarfare*, em inglês, que envolve a invasão de redes e de sistemas de computação de um país por outro país. Apesar de não causar danos físicos comparáveis a uma guerra real, tais invasores da guerra cibernética dispõem de recursos e conhecimentos para lançar ataques massivos, na internet, contra "outras nações". Estas ações chegam ao ponto de causar severos prejuízos ou de interromper serviços, como desligar uma rede de energia, interromper o funcionamento de redes de comunicação como emissoras de televisão. Assim, existe um impacto em sistemas computacionais e de informações vitais para um país, tais como sistemas de fornecimento de energia elétrica, sistema de distribuição de água, hospitais, sistemas de transportes, entre outros.

Os ataques cibernéticos podem ser usados para desabilitar ou interromper as operações dos sistemas de infraestrutura causando danos às atividades civis dos inimigos e às operações logísticas de ações militares. A maior parte dos exércitos e governos do mundo criaram unidades cibernéticas especiais para se defender de ataques cibernéticos de inimigos e responder a estes. No Brasil, existe o Comando de Defesa Cibernética (ComDCiber), composto por militares do Exército, da Força Aérea e da Marinha e que está localizado no Forte Marechal Rondon, em Brasília-DF.

As operações cibernéticas e militares possuem diferentes objetivos. Enquanto as operações militares são efetivas para ocupação de território, captura de recursos, diminuição da capacidade militar do oponente e de aterrorizar a população, as operações cibernéticos buscam captura de informações tais como se infiltrar nos sistemas de inteligência, roubo de tecnologia, vitórias em debates de opinião pública ou questões diplomáticas.

Um objetivo relevante na guerra cibernética é a obtenção de vantagens sobre os adversários, sejam eles países ou empresas concorrentes. Uma nação pode continuamente invadir os recursos tecnológicos de outro país, descobrir estratégias de defesa militar e coletar informações sobre tecnologia para reduzir as defasagens na área militar e em diversos setores. Além de realizar espionagem militar e industrial, a guerra cibernética tem potencial para sabotar a infraestrutura de outras nações e, inclusive, acabar com vidas nos locais atacados.

Por exemplo, um ataque pode interromper a rede de energia elétrica de uma grande cidade. Com isso, o tráfego é prejudicado pela falta de operação de semáforos, os pacientes em hospitais não recebem os devidos cuidados em situações de emergência, alimentos que necessitam de refrigeração estragam. Além disso, a troca de bens e serviços é interrompida e o acesso à internet pode ser afetado. Enfim, um ataque desse tipo tende a interferir negativamente no cotidiano de toda a população.

Um exemplo de ataque patrocinado por governos envolveu o *malware* Stuxnet, concebido para danificar a usina de enriquecimento nuclear do Irã. Cabe notar que *malware* é a abreviação de software malicioso (*malicious software*). Trata-se de um tipo de programa computacional desenvolvido, entre outros fins, para infectar o computador de um usuário legítimo e prejudicá-lo de diversas formas. O *malware* Stuxnet não sequestrou os computadores de destino para roubar informações. Ele foi projetado para danificar o equipamento físico controlado por computadores. Usou a codificação modular programada para executar uma tarefa específica.

Ameaças externas de amadores ou invasores habilidosos podem explorar vulnerabilidades na rede ou em dispositivos de computação ou usar a engenharia social para obter acesso.

> **SAIBA MAIS**
>
> O livro Contagem regressiva até *zero day*: Stuxnet e o lançamento da primeira arma digital do mundo detalha essa história das usinas nucleares no Irã. Ele trata da composição do *malware* Stuxnet e do funcionamento da plataforma tecnológica da usina de Natanz, no Irã. Adicionalmente, a publicação discute elementos táticos e estratégicos relacionados a essa arma digital.
>
> ZETTER, K. *Contagem regressiva até zero day: Stuxnet e o lançamento da primeira arma digital do mundo*. Tradução: Alan de Sá, Davidson Boccardo, Fabian Martins e Lucila Bento. Rio de Janeiro: Brasport, 2017.

Na invasão da Russa à Ucrânia, ocorrida em 2022, um dos campos de batalha foi o front cibernético, que foi iniciado antes mesmo da invasão física. Foram realizadas ações cibernéticas contra a Ucrânia atingindo provedores de Internet, instituições financeiras, instalações governamentais e áreas importantes do governo tais como Ministério da Defesa Nacional e as Forças Armadas, emissoras de televisão e órgãos nacionais. A maior parte desses ataques possuía como objetivo a criação de instabilidade na comunicação da Ucrânia.

Em fevereiro de 2022, pouco antes da invasão, alguns sistemas de informação do governo ucraniano foram corrompidos por um software malicioso ou *malware* denominado Wiper. Praticamente no mesmo momento, um ataque de negação de serviço distribuído comprometeu uma parcela dos sites de bancos ucranianos, que ficaram inacessíveis.

Os *hackers* russos utilizaram duas linhagens do *malware* contra as instituições ucranianas, segundo relatórios de empresas de segurança digital. O *malware* HermeticWiper, usado na véspera da invasão, tinha a capacidade de se apagar do computador depois de corromper os dados, dificultando a identificação da autoria. No dia seguinte, foi a vez do IsaacWiper, que também deletava arquivos do disco, mas de forma menos agressiva, o que talvez revele o insucesso da investida.

Por outro lado, os ucranianos realizaram uma ação até então inédita: convocaram voluntários digitais para possuir um "exército digital" contra os russos. As ações são coordenadas por um grupo no aplicativo Telegram, mensageiro eletrônico popular nos dois países, que reuniu na primeira semana cerca de 200 mil usuários.

Nas primeiras horas da batalha, que começou no dia 24 de fevereiro de 2022, os *hackers* afirmam ter indisponibilizado os sites do Kremlin, do portal de pesquisa Yandex, do Serviço Federal de Segurança, do Sberbank, o maior banco russo, e de agências de notícias. O ataque utilizado foi baseado na técnica de negação de serviço distribuído ou, em inglês, *Distributed Denial of Service* (DDoS), que consiste na criação de uma rede de computadores infectados por *malware* e sob controle de um invasor mal-intencionado denominado *botnet*.

Cada dispositivo dessa rede é chamado de *bot*, após ser infectado, o *bot* pode propagar o *malware* e, recrutando outros dispositivos de hardware ao redor da rede. Depois de montar essa rede, o atacante direciona a *botnet*, que pode ter milhares a milhões de dispositivos, para acessar simultaneamente um alvo, causando lentidão e eventualmente a indisponibilidade do servidor sob ataque.

De acordo com especialistas em segurança digital consultados pela Wired, revista de cultura tecnológica dos Estados Unidos, o exército de TI funciona como um mecanismo de revide aos ataques cibernéticos da Rússia. Ações estratégicas de ataque, perpetradas por *hackers* que trabalham para os militares ucranianos, são tratadas num canal privado do governo ucraniano.

> **SAIBA MAIS**
>
> Mais detalhes sobre essa guerra cibernética podem ser encontrados em:
>
> https://www.cnnbrasil.com.br/internacional/ministro-ucraniano-pede-que-exercito-de-ti-se-junte-a-luta-na-frente-cibernetica/. Acesso em 01 mar. 2022.
>
> https://www.uol.com.br/tilt/noticias/redacao/2022/03/01/ataques-hacker-contra-ucrania-comecaram-bem-antes-de-invasao-da-russia.htm. Acesso em 01 mar. 2022.

Ataques cibernéticos russos à Ucrânia já haviam ocorrido em junho de 2017, com o *malware* NotPetya. O ataque tinha como alvo majoritariamente organizações ucranianas, especialmente do setor de infraestrutura. Este *malware* se espalhou rapidamente pela Europa e afetou diversas indústrias como bancos, governos, lojas de varejo, empresas energéticas, entre outros, causando um prejuízo de US\$ 10 bilhões, de acordo com a empresa de serviços de tecnologia Apex.

O *malware* NotPetya reescrevia uma parte do disco rígido denominada Registro Mestre de Inicialização ou Master-Boot Record (MBR), que impossibilitava a máquina infectada de inicializar o sistema operacional Windows corretamente.

Um dos riscos dos ataques cibernéticos é que estes podem se espalhar para outras partes do mundo, principalmente devido às estruturas de computação em nuvem ou *cloud computing* que estão interligadas por todo o globo.

Adicionalmente, existe um efeito psicológico devido à Guerra cibernética. Devido à proliferação de *fake news*, a população pode ficar desorientada e perder a confiança. Por exemplo, no início da guerra Rússia x Ucrânia, foi difundido que o presidente ucraniano havia fugido do país. Posteriormente, próprio presidente postou vídeos mostrando que isso não era verdade. Existe um efeito psicológico de espalhar que o próprio presidente já abandonou o país, que é devastador nas pessoas, principalmente em situações de guerra.

2.3 METODOLOGIA CYBER KILL CHAIN

A metodologia *Cyber Kill Chain* foi desenvolvida para identificação e prevenção de intrusões cibernéticas, sendo uma forma eficiente e eficaz de ilustrar como um agente de ameaça pode atacar uma organização alvo.

O modelo possibilita a organizações entenderem as possíveis ameaças em cada estágio do ataque e a contramedidas para se defender destes. Assim, os profissionais de segurança podem compreender as estratégias do atacante de forma a propor a implementação de diferentes níveis de controles de segurança para proteção da infraestrutura de TI da organização.

> **Nota:** Ator de ameaça é o termo usado ao longo deste livro para se referir à parte que instigou o ataque. No entanto, o criador do *Cyber Kill Chain*, Lockheed Martin, utilizou o termo "adversário" em sua descrição da *Cyber Kill Chain*. Portanto, os termos adversário e ator de ameaça são usados de forma intercambiável neste tópico.

A figura a seguir ilustra as 7 (sete) etapas dessa metodologia: Reconhecimento, Armamento, Entrega, Exploração, Instalação, Comando & Controle e Ações sobre objetivos.

Figura 10 – Etapas da *Cyber Kill Chain*

Fonte: Autor

De forma resumida, na etapa de Reconhecimento, o ataque pesquisa informações sobre o alvo. Após essa etapa, há a Armamento ou *Weaponization*, na qual é desenvolvida uma arma contra sistemas específicos ou indivíduos na organização. Então, ocorre a etapa da Entrega, na qual a vítima recebe a arma por e-mail ou outras formas. Depois disso, ocorre a Exploração da vulnerabilidade da empresa através da execução do código malicioso (*malware*). Com isso, é realizada a Instalação do *malware* nos ativos da empresa. A partir dessa etapa, é criado um canal de comando externo ao servidor com o intuito de manipulá-lo. Por fim, na etapa 7, Ações em Objetivos, o atacante usará os acessos conseguidos para atingir ao objetivo do ataque.

> **SAIBA MAIS**
>
> O site https://www.lockheedmartin.com/en-us/capabilities/cyber/cyber-kill-chain.html possui vídeos, guias e artigos, sendo de autoria do criador da metodologia *Cyber Kill Chain*.
>
> Um artigo existente no site é intitulado *Seven Ways to Apply the Cyber Kill Chain® with a Threat Intelligence Platform*. Disponível em https://www.lockheedmartin.com/content/dam/lockheed--martin/rms/documents/cyber/Seven_Ways_to_Apply_the_Cyber_Kill_Chain_with_a_Threat_Intelligence_Platform.pdf. Acessado em 01 mai. 2022.

Caso o atacante for bloqueado em qualquer fase, a cadeia de ataque é quebrada. Quebrar a corrente significa que a linha defensiva frustrou com sucesso a intrusão do ator da ameaça. Os atores da ameaça somente serão considerados bem-sucedidos quando concluírem a Etapa 7. Nas próximas seções serão detalhadas cada uma dessas sete etapas.

As fases de Reconhecimento e Armamento ocorrem fora do ambiente computacional da empresa. Por sua vez, as demais fases acontecem dentro da empresa e nestas fases não temos como monitorar ou prevenir o ataque a partir dos recursos que a empresa possui em seu arsenal de ferramentas de defesa.

2.3.1 Reconhecimento

Na etapa Reconhecimento ou *Reconnaissance*, em inglês, o ator ameaça realiza pesquisas, coleta informações e seleciona alvos. Qualquer informação pública pode ajudar a determinar o que, onde e como o ataque a ser executado.

Existem muitas informações publicamente disponíveis, especialmente para organizações maiores, incluindo artigos de notícias, sites, procedimentos de conferência e dispositivos de rede voltados para o público. Os funcionários de organizações também disponibilizam muitas crescentes de informações relevantes por meio de redes sociais pessoais.

Com esses levantamentos, o agente da ameaça escolherá alvos que foram negligenciados ou desprotegidos porque terão uma maior probabilidade de serem penetrados e comprometidos e, preferencialmente que possuam maior impacto financeiro. Todas as informações obtidas pelo agente da ameaça são revisadas para determinar sua importância e se revelam possíveis vias adicionais de ataque.

2.3.2 Armamento

Na etapa de Armamento ou *Weaponization*, o atacante utilizará as informações previamente coletadas no Reconhecimento para desenvolver uma arma específica contra sistemas ou indivíduos na organização, dadas as vulnerabilidades descobertas, essa ferramenta precisa ser implantada no alvo. A atividade mais complexa nessa etapa não é a escolha da arma para o ataque, pois certamente já existem ataques para a vulnerabilidade descoberta. Entretanto, para ataques conhecidos, é possível que o sistema já esteja protegido.

A tarefa de maior complexidade dessa etapa é identificar elementos da rede que possibilitem a abertura de porta de comunicação para o ataque ou *backdoors*, sem ser bloqueado pelas camadas de segurança do sistema.

2.3.3 Entrega

Durante a etapa de Entrega ou Delivery, a arma construída é enviada ao alvo usando um vetor de entrega, que pode ser diretamente no servidor Web ou através de uso de um site comprometido, *malware* em mídia USB removível, um anexo de e-mail mal-intencionado ou interações em redes sociais.

Se o atacante decidiu utilizar alvos humanos, uma prática frequente é o envio de mensagens direcionadas ao alvo, por exemplo, uma oferta de *e-commerce* imperdível, que contenha um *link* malicioso. Essa técnica é denominada *Spear Phishing*. Depois de o código ser baixado e executado no dispositivo do alvo, o atacante tem total acesso a ele pode agir. No caso da escolha da exploração das vulnerabilidades dos sistemas de segurança da organização, existe um leque de ferramentas para auxiliá-lo e obter o controle da rede, que serão abordadas nas próximas seções.

Caso a entrega da arma não ocorra, o ataque não terá sucesso. Para aumentar a probabilidade de entrega, o agente da ameaça usará muitos métodos diferentes, tais como criptografar comunicações, fazer com que o código pareça legítimo ou ofuscar o código. Os sensores de segurança são tão avançados que podem detectar o código como malicioso, a menos que ele seja alterado para evitar a detecção. O código pode ser alterado para parecer inocente, mas ainda assim executar as ações necessárias, mesmo que possa demorar mais tempo para ser executado.

2.3.4 Exploração

Depois da entrega da arma, o ator ameaça a utiliza para quebrar a vulnerabilidade e ganhar o controle do alvo. Os destinos de exploração ou *Exploitation* mais comuns são aplicativos, vulnerabilidades do sistema operacional e usuários. O atacante deve usar uma exploração que ganhe o efeito que deseja. Isso é muito importante porque se a exploração errada for conduzida, obviamente o ataque não funcionará, mas efeitos colaterais não intencionais, como uma Negação de Serviço (DoS) ou várias reinicializações de sistema, causarão atenção indevida que poderia facilmente informar os analistas de segurança cibernética sobre o ataque e as intenções do ator da ameaça.

2.3.5 Instalação

Na etapa de Instalação ou *Installation*, o ator ameaça estabelecer um *backdoor* para o sistema para permitir o acesso contínuo ao alvo. Visando à preservação desse *backdoor*, é importante que o acesso remoto não alerte analistas ou usuários de segurança cibernética da empresa, já que serão realizadas contramedidas para bloqueio.

O método de acesso deve sobreviver através de verificações *antimalware* e reinicialização do computador para ser eficaz. Esse acesso persistente também pode permitir comunicações automatizadas, especialmente eficazes quando vários canais de comunicação são necessários ao comandar uma *botnet*.

2.3.6 Comando e Controle

Na etapa de Comando e Controle ou *Command & Control* (C2), o intuito é o estabelecimento de comando e controle com o sistema de destino. Os *hosts* comprometidos geralmente se sinalizam da rede para um controlador na Internet. Isso ocorre porque a maioria dos *malwares* requer interação manual para exfiltrar dados da rede. Os canais C2 são usados pelo ator de ameaças para emitir comandos para o software que eles instalaram no destino. O analista de segurança cibernética deve ser capaz de detectar comunicações C2 para descobrir o *host* comprometido. Isso pode ser na forma de tráfego não autorizado de *Internet Relay Chat* (IRC) ou tráfego excessivo para domínios suspeitos.

2.3.7 Ações sobre os objetivos

Quando o atacante chega ao passo final da *Cyber Kill Chain*, denominado *Actions on Objectives*, ele pode atingir seu objetivo, pois não existem sistemas de segurança da empresa ativos sobre suas atividades. O objetivo pode ser roubo de dados, realizar um ataque DDoS para interromper a operação do sistema ou usar a rede comprometida para criar e enviar *spam* ou Bitcoin. Neste ponto, o ator ameaça estar profundamente enraizado nos sistemas da organização, escondendo seus movimentos e cobrindo seus rastros. Quando o atacante alcança esse estágio, é extremamente difícil remover o agente de ameaça da rede.

2.4 TIPOS DE FERRAMENTAS UTILIZADAS PARA ATAQUES

Apesar do objetivo desse livro não ser a utilização das ferramentas de ataque, será apresentada uma relação dos tipos de ferramentas mais utilizadas, as descrições de cada tipo e as principais ferramentas comerciais.

Muitas ferramentas são utilizadas tanto para ataque quanto para defesa, sendo que a diferença está no objetivo da utilização da ferramenta. Pode-se fazer uma analogia como uma faca. Esse utensílio é fundamental quando nos alimentamos ou cortamos alimentos e outros objetos. Entretanto, na posse de pessoas mal-intencionadas, a faca pode ser utilizada para atividades criminosas. O problema não está na ferramenta, mas na intenção de quem a utiliza.

O *hacking* ético envolve o uso de muitos tipos diferentes de ferramentas para testar a rede e os dispositivos finais. Para validar a segurança de uma rede e seus sistemas, muitas ferramentas de teste de penetração de rede foram desenvolvidas. No entanto, muitas dessas ferramentas também podem ser usadas por atores ameaçadores para exploração.

Atores de ameaças também criaram várias ferramentas de *hacking*. Essas ferramentas são escritas explicitamente por motivos nefastos. O pessoal de segurança cibernética também deve saber como usar essas ferramentas ao realizar testes de penetração na rede.

Vale ressaltar que muitas dessas ferramentas são baseadas em sistemas UNIX ou Linux. Assim, para um profissional de segurança é recomendado ter uma sólida experiência em UNIX e Linux.

A tabela a seguir apresenta as principais categorias de ferramentas utilizadas em segurança cibernética, a descrição da utilização dessas ferramentas e exemplos de software de cada uma dessas categorias. Explore as categorias de ferramentas comuns de teste de penetração de rede. Observe como algumas ferramentas são usadas pelos *white hats* e *black hats*.

Tabela 4 – Categorias de ferramentas de segurança

Categorias de Ferramentas	Descrição
Crackers da senha	As senhas são a ameaça de segurança mais vulnerável. As ferramentas de quebra de senha são frequentemente chamadas de ferramentas de recuperação de senha e podem ser usadas para quebrar ou recuperar a senha. Isso é feito removendo a senha original, depois de ignorar a criptografia de dados, ou pela descoberta direta da senha. Os *crackers* de senhas repetidamente fazem suposições para decifrar a senha e acessar o sistema. Exemplos de ferramentas de quebra de senha incluem John theRipper, Ophcrack, L0phtCrack, THC Hydra, RainbowCrack e Medusa.
Ferramentas de *hacking* sem fio	As redes sem fio são mais suscetíveis a ameaças à segurança da rede. As ferramentas de *hackers* sem fio são usadas para invadir intencionalmente uma rede sem fio para detectar vulnerabilidades de segurança. Exemplos de ferramentas de *hacking* sem fio incluem Aircrack-ng, Kismet, InSSIDer, KisMAC, Firesheep e NetStumbler.
Digitalização de rede e ferramentas de *hacking*	As ferramentas de verificação de rede são usadas para investigar dispositivos, servidores e *hosts* de rede em busca de portas TCP ou UDP abertas. Exemplos de ferramentas de digitalização incluem Nmap, SuperScan, Angry IP Scanner e NetScanTools.
Ferramentas de elaboração de pacotes	Ferramentas de criação de pacotes são usadas para sondar e testar a robustez de um *firewall* usando pacotes forjados especialmente criados. Exemplos de tais ferramentas incluem Hping, Scapy, Socat, Yersinia, Netcat, Nping e Nemesis.

Categorias de Ferramentas	Descrição
Sniffer de pacotes	As ferramentas de farejadores de pacotes são usadas para capturar e analisar pacotes em LANs Ethernet ou WLANs tradicionais. As ferramentas incluem Wireshark, Tcpdump, Ettercap, Dsniff, EtherApe, Paros, Fiddler, Ratproxy e SSLstrip.
Detectores de rootkit	Um detector de *rootkit* é um verificador de integridade de diretório e arquivo usado por *White hats* para detectar *rootkits* instalados. Exemplos de ferramentas incluem AIDE, Netfilter e PF: OpenBSD Packet Filter.
Fuzzers para pesquisar vulnerabilidades	*Fuzzers* são ferramentas usadas por agentes de ameaças ao tentar descobrir vulnerabilidades de segurança de um sistema de computador e testam softwares em busca de *buffer overflows, format string vulnerabilities* e *error handling*. Exemplos de *fuzzers* incluem Skipfish, Wapiti e W3af.
Ferramentas forenses	*Hackers white hat* utilizam ferramentas forenses para farejar qualquer vestígio de evidência existente em um sistema de computador específico. Exemplos de ferramentas incluem Sleuth Kit, Helix, Maltego e Encase.
Depuradores	Ferramentas de depuração são usadas por *Black Hats* para fazer engenharia reversa de arquivos binários ao escrever *exploits*. Eles também são usados por *White hats* ao analisar *malware*. As ferramentas de depuração incluem GDB, WinDbg, IDA Pro, and ImmunityDebugger.
Sistemas operacionais para *Hacking*	Os sistemas operacionais de *hacking* são sistemas operacionais especialmente projetados, pré-carregados com ferramentas e tecnologias otimizadas para *hackers*. Exemplos de sistemas operacionais de *hacking* especialmente projetados incluem Kali Linux, SELinux, Knoppix, Parrot OS e BackBox Linux.
Ferramentas de criptografia	Essas ferramentas salvaguardam o conteúdo dos dados de uma organização quando são armazenados ou transmitidos. As ferramentas de criptografia usam esquemas de algoritmo para codificar os dados e evitar o acesso não autorizado aos dados. Exemplos dessas ferramentas incluem VeraCrypt, CipherShed, Open SSH, OpenSSL, OpenVPN e Stunnel.
Ferramentas de exploração de vulnerabilidade	Essas ferramentas identificam se um *host* remoto é vulnerável a um ataque de segurança. Exemplos de ferramentas de exploração de vulnerabilidade incluem Metasploit, Core Impact, Sqlmap, Social Engineer Tool Kit e Netsparker.

Categorias de Ferramentas	Descrição
Scanner de vulnerabilidades	Essas ferramentas examinam uma rede ou sistema para identificar portas abertas. Eles também podem ser usados para verificar vulnerabilidades conhecidas e verificar máquinas virtuais (VMs) e bancos de dados do cliente Exemplos dessas ferramentas incluem Nipper, Securia PSI, Core Impact, Nessus, SAINT e Open VAS.

Fonte: (CISCO, 2021)

Lembre-se de que a lista não é exaustiva, pois novas ferramentas são continuamente desenvolvidas.

3. CONHECENDO OS TIPOS DE ATAQUES E AMEAÇAS

Neste capítulo, serão apresentados os tipos de ataques e as ameaças mais frequentes em ambientes cibernéticos. Inicialmente serão classificados os tipos de ataque existentes. Posteriormente, serão apresentados os principais tipos de *malware* e de engenharia social. *Malware* é um acrônimo das palavras *malicious software,* em português, software malicioso. É fundamental conhecer as ameaças existentes para se proteger adequadamente uma rede de computadores. Ao fim desse capítulo, é apresentada a evolução histórica da quantidade de ataques e da distribuição de ataques no Brasil.

Não há a pretensão de apresentar todos os ataques existentes, pois a cada dia são criados novos ataques que exploram vulnerabilidades continuamente descobertas.

3.1 CATEGORIAS DE ATAQUE

Os atores da ameaça podem usar as ferramentas mencionadas anteriormente ou uma combinação de ferramentas para criar vários ataques. Uma classificação comum em relação aos ataques à segurança é a seguinte:

- Ataques passivos;
- Ataques ativos.

Um ataque passivo possui como objetivo a descoberta ou a utilização de informações do sistema atacado sem afetar os recursos desse sistema. Já um ataque ativo pode, além de obter as informações, modificar os recursos do sistema e, com isso, influenciar na sua operação.

3.1.1 Ataques Passivos

Esses ataques possuem a natureza de monitoramento e bisbilhotagem de transmissões, com foco na obtenção das informações quando são transmitidas. Um tipo de ataque de ataque passo é a liberação de conteúdo da mensagem, no qual existe um acesso não autorizado da informação. Qualquer comunicação, seja uma conversa telefônica, um texto ou um arquivo, pode conter confidenciais e críticas, que se deve impedir que alguém tenha acesso a essas informações. A Figura a seguir ilustra essa situação.

Figura 11 - Ataque passivo de liberação de conteúdo da mensagem

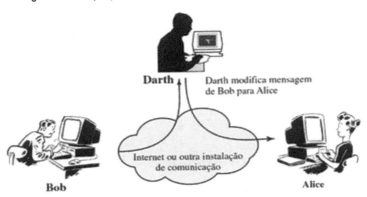

Fonte: (STALLINGS, 2008, p. 6).

Outro tipo de ataque passivo é a análise de tráfego. Nesse caso, as informações estão protegidas, de forma que o oponente não irá conseguir extrair as informações, mesmo se capturar a mensagem. Entretanto o oponente pode levantar informações do padrão de mensagens, como a frequência de envio, o tamanho da mensagem, os envolvidos na comunicação. A Figura a seguir ilustra essa situação.

Figura 12 - Ataque passivo de análise de tráfego.

Fonte: (STALLINGS, 2008, p. 6).

Os ataques passivos são de difícil detecção, já que não há nenhuma alteração no sistema. Como não é possível impedir esse tipo de ataque, deve-se atuar na prevenção, utilizando criptografia para que mesmo com a captura da mensagem não seja possível ter as informações dessa mensagem, protegendo a confidencialidade.

3.1.2 Ataques Ativos

Nos ataques ativos, ocorre modificação no fluxo de dados ou criação de um fluxo falso. Este tipo de ataque pode ser separado em quatro categorias: repetição, disfarce, modificação de mensagens e negação de serviço.

No ataque de repetição, existe inicialmente uma captura passiva de dados que, posteriormente, serão retransmitidas para produzir um efeito não autorizado.

Figura 13 – Ataque ativo de repetição

Fonte: (STALLINGS, 2008, p. 7).

No caso de um disfarce ou *Masquerading*, uma entidade finge ser outra entidade, visando permitir ao atacante a execução de ações em nome desta entidade. Após o usuário conseguir se autenticar com uma entidade pertencente a rede, obterá alguns privilégios de acesso adicionais, os quais não seriam concedidos sem as credenciais.

Figura 14 – Ataque ativo de disfarce

Fonte: (STALLINGS, 2008, p. 7).

Já nas modificações de mensagens, uma parte da mensagem originalmente transmitida é alterada ou adiada ou reordenada visando à produção de efeito não autorizado.

Figura 15 – Ataque ativo de modificação de mensagens

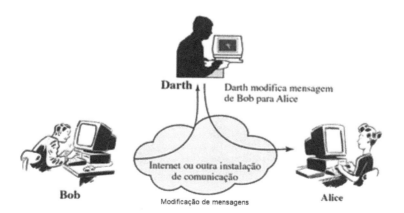

Fonte: (STALLINGS, 2008, p. 8).

No caso da Negação de Serviço, ocorre um impedimento ou inibição para utilização ou gerenciamento das instalações de comunicação. Também é conhecido como *Denial of Service* (DoS).

Tal ataque pode possuir um alvo específico ou perturbar a rede como um todo, de modo a sobrecarregá-la com mensagens ou desativá-la, com o intuito de prejudicar seu desempenho. Existem dois principais tipos de ataque de negação de serviço:

- **Grande quantidade de tráfego** – O agente de ameaças dispara uma enorme quantidade de dados a uma taxa que a rede, *host* ou aplicativo não pode manipular. Com isso, o tempo de resposta do *host* atacada irá aumentar, causando lentidão para os demais usuários ou até uma interrupção do serviço.
- **Pacotes maliciosamente formatados** – O invasor envia um pacote formatado maliciosamente para um *host* ou aplicativo e o receptor não consegue manipulá-lo. Isso causa lentidão ou falha na execução do dispositivo receptor.

Figura 16 – Ataque ativo de Negação de Serviço

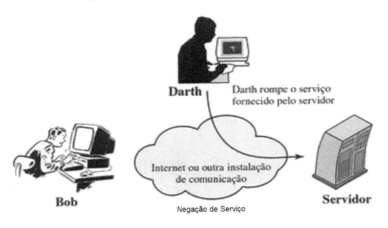

Fonte: (STALLINGS, 2008, p. 8).

Os ataques ativos se aproveitam das vulnerabilidades físicas, de software e da rede e deve-se atuar na sua detecção, visando recuperar-se de rompimentos ou atrasos causados por esse tipo de ataque.

Há uma categoria de ataques denominada ataques mistos, nos quais são utilizadas mais de uma técnica para se infiltrar no sistema e atacá-lo. Os ataques mais modernos são enquadrados nessa categoria.

É importante entender que os atores de ameaças usam uma variedade de ferramentas de segurança para realizar esses ataques. A tabela a seguir exibe tipos comuns de ataques. No entanto, a lista de ataques não é exaustiva, pois novas maneiras de atacar redes são continuamente descobertas.

Tabela 5 – Categorias de ataques mais comuns

Categoria de Ataque	Descrição
Ataque de escuta	Um ataque de espionagem ocorre quando um agente de ameaça captura e escuta o tráfego da rede. Esse ataque também é chamado de *sniffing* ou *snooping*.
Ataque de modificação de dados	Ataques de modificação de dados ocorrem quando um agente de ameaça capturou o tráfego da empresa e alterou os dados nos pacotes sem o conhecimento do remetente ou receptor.
Ataque de Falsificação de Endereços IP	Um ataque de falsificação de endereço IP ocorre quando um ator de ameaça constrói um pacote IP que parece se originar de um endereço válido dentro da intranet corporativa.
Ataques baseados em senha	Ataques baseados em senha ocorrem quando um ator de ameaça obtém as credenciais de uma conta de usuário válida. Em seguida, os atores de ameaças usam essa conta para obter listas de outros usuários e informações de rede. Eles também podem alterar as configurações de servidor e rede e modificar, redirecionar ou excluir dados.

Categoria de Ataque	Descrição
Ataque de negação de serviço (DoS)	Um ataque de DoS impede o uso normal de um computador ou rede por usuários válidos. Depois de obter acesso a uma rede, um ataque DoS pode travar aplicativos ou serviços de rede. Um ataque de DoS pode inundar um computador ou toda a rede com tráfego até que um desligamento ocorra devido à sobrecarga. Um ataque de DoS também pode bloquear o tráfego, o que resulta na perda de acesso aos recursos da rede por usuários autorizados.
Ataque Man-in-the-Middle (MitM)	Um ataque MitM ocorre quando os agentes da ameaça se posicionam entre a origem e o destino. Agora eles podem monitorar, capturar e controlar ativamente a comunicação de forma transparente.
Ataque de chave comprometida	Um ataque de chave comprometida ocorre quando um ator de ameaça obtém uma chave secreta. Isto é referido como uma chave comprometida. Uma chave comprometida pode ser usada para obter acesso a uma comunicação segura sem que o remetente ou o destinatário esteja ciente do ataque.
Ataque *Sniffer*	Um *sniffer* é um aplicativo ou dispositivo que pode ler, monitorar e capturar trocas de dados de rede e ler pacotes de rede. Se os pacotes não estiverem criptografados, um *sniffer* fornece uma visão completa dos dados dentro do pacote. Até mesmo pacotes encapsulados podem ser quebrados abertos e lidos, a menos que sejam criptografados e que o ator de ameaça não tenha acesso à chave.

Fonte: (CISCO, 2021)

3.1.3 Domínios de ameaça

Um domínio de ameaça é considerado uma área de controle, autoridade ou proteção que atacantes pode explorar para ganhar acesso ao sistema, através de *exploits*. Existem diversos tipos de domínios de ameaça nos quais o invasor pode atacar, tais como:

- Acesso físico direto ao sistema ou redes;
- Redes sem fio dentro dos limites da empresa;

- Equipamentos com comunicação via Bluetooth ou comunicação de campo próximo, ou seja, *Near-Field Communication* (NFC);
- Anexos de e-mail maliciosos;
- Contas de mídias sociais de uma empresa, tais como Twitter, Facebook, Instagram;
- Mídias removíveis como *pen-drives*;
- Aplicações baseadas em nuvem.

3.1.4 Ataque de Dia Zero

Um ataque de dia zero ou *Zero-Day Attack* explora as vulnerabilidades de software antes dessas se tornarem conhecidas ou antes de serem divulgadas pelo fabricante de software.

Uma rede é extremamente vulnerável para atacar entre o tempo que o *exploit* é descoberto, isto é, hora zero, e o tempo que fornecedor de software leva para desenvolver e lançar um *patch* que conserta esse *exploit*.

Durante o tempo dispendido pelos fornecedores de software para o desenvolvimento e liberação de um *patch*, isto é, um arquivo de correção dessa falha, a rede estará vulneração a essas explorações.

Para se defender contra esses ataques de rápida movimentação, são necessários profissionais de segurança de rede que adotam uma visão sofisticada e holística de qualquer arquitetura de rede.

3.2 CÓDIGOS MALICIOSOS (MALWARES)

Códigos maliciosos ou *Malwares* são softwares desenvolvidos com a finalidade de executar ações danosas e atividade maliciosas em um sistema ou computador. Este tipo de software pode ser utilizado para obter informações sensíveis ou excluir e modificar arquivos. Por exemplo, um *malware* pode infectar um computador através do acesso a páginas Web maliciosas, por meio de navegadores vulneráveis, pela execução automática de mídias removíveis contaminadas como *pen-drives* ou pela ação direta dos atacantes, que incluem códigos maliciosos em arquivo após a invasão de um computador.

Os agentes de ameaças e criminosos *online* frequentemente tentam induzir os usuários a instalar *malware* que contribuem para exploração de lacunas de segurança.

De acordo com o Panorama de Ameaças da Kaspersky de 2022 (KASPERSKY, 2022), ocorreram mais de 1.500 ataques de *malware* por minuto no Brasil entre janeiro/2022 e agosto/2022.

De forma geral, estes são sintomas comuns que apresentam computadores infectados por *malwares*: aumento no percentual de uso da CPU, diminuição na velocidade do computador, congelamento ou travamento frequente do computador, diminuição na velocidade de navegação na Web, modificação ou exclusão de arquivos, processos desconhecidos em execução e envio de e-mails sem o conhecimento ou consentimento do usuário.

As principais motivações para um atacante dissipar códigos maliciosos são coletar informações confidenciais, obter vantagens de financeiras e desejar a autopromoção e vandalismo.

Existem diferentes tipos de *malware*, os principais são tais como: Vírus, *Worm*, *Bot e Botnet*, *Spyware*, *Backdoor*, *Trojan* ou Cavalo de Troia, *Rootkit*, *Ramsoware*, entre outros.

3.2.1 Vírus

Vírus é um programa de computador ou parte dele, normalmente malicioso, que se propaga inserindo cópias dele mesmo e é o tipo de *malware* mais conhecido. O vírus depende da execução do programa ou arquivo hospedeiro, para se tornar ativo e continua o processo de infecção.

O primeiro registro de vírus foi o Creeper, programado pelo pesquisador Bob Thomas em 1971. O Creeper realizava diversas cópias dele mesmo para outros computadores em uma rede e exibia a mensagem *"I´m the creeper, catch me if you can"*, que pode ser traduzida como "Eu sou um réptil! Pegue-me se for capaz". O pesquisador desejava estudar os efeitos da autorreplicação na rede de computadores. Posteriormente, foi desenvolvido o programa Reaper com o objetivo de encontrar o vírus Creeper e erradicar seus efeitos nos computadores infectados.

De forma similar ao vírus que podem contagiar humano, em um vírus de computador, o vírus se anexa a algum tipo de código executável, como um programa. Quando o programa está em execução, são utilizados muitos arquivos e cada um dos quais fica suscetível a se infectar com o vírus. Então, o vírus é replicado nesses arquivos, realiza a tarefa maliciosa a qual se destina e repete isso até se espalhar o máximo que puder.

Décadas atrás, o principal meio de propagação de vírus eram disquetes. Entretanto, como essa mídia caiu em desuso, começaram a surgir novas formas de proliferação como envio de e-mails e, posteriormente, pelo uso de *pen-drives*.

Existem vírus de diferentes características. Alguns vírus permanecem ocultos aos usuários, infectando arquivos do disco rígido e executando processos sem o consentimento do usuário. Outros tipos de vírus permanecem inativos durante o ano, somente operando em algumas datas específicas.

Um tipo muito comum é o vírus propagado por e-mail. O usuário recebe um e-mail com arquivo anexado e a mensagem induz o usuário a clicar sobre o arquivo para executá-lo. Com isso, arquivos do computador são infectados e este vírus irá enviar cópias para contatos armazenados no computador. Por exemplo, o vírus Melissa, desenvolvido em 1999, foi propagado por e-mail, afetando dezenas de milhares de usuários e causando uma perda estimada em US$ 1,2 bilhão.

Outro tipo comum são os vírus de *script*, implementados em linguagem VBScript ou JavaScript. O usuário pode ser infectado ao acessar uma página Web com o *script* malicioso ou por e-mail como arquivo anexo ou como parte de uma mensagem HTML. Uma categoria específica de vírus de *script* é o vírus de macro, que buscar infectar arquivos produzidos pelo Microsoft Office, que utiliza a linguagem VBScript.

Figura 17 – Detecção de vírus no computador

Fonte: https://www.freepik.com/premium-photo/virus-warning-alert-computer-screen-detected-modish-cyber-threat_32574470.htm#query=virus%20alert%20laptop&position=11&from_view=search&track=sph. Disponível em 20 dez. 2022.

3.2.2 Worm

Worm ou, em português, verme é um programa capaz de se multiplicar pela rede, pois envia cópias de si mesmo entre os computadores. Os *worms* são semelhantes aos vírus, mas não se propagam pela inclusão de cópias de si mesmo em outros arquivos, mas pela execução direta das suas cópias ou através da exploração automática de vulnerabilidades existentes em programas instalados em computadores.

Como realiza muitas cópias de si mesmos, um *worm* pode consumir muitos recursos computacionais e, consequentemente, afetar o desempenho de redes e o uso de computadores.

Um famoso *worm* foi o ILOVEYOU, ou "bug do amor", que se espalhou em milhões de máquinas com Windows. O *worm* se espalhava por e-mail. Alguém enviava uma mensagem por e-mail com o assunto "I Love You" e um anexo, de nome LOVE-LETTER-FOR-YOU.TXT.vbs, que era o *worm* disfarçado de arquivo de texto de uma carta de amor. O arquivo técnico era, na verdade, um executável que, quando era aberto, executava muitos ataques: fazia várias cópias de si mesmo para vários arquivos e pastas, iniciava softwares prejudiciais, substituía arquivos e, em seguida, ocultava-se depois dos malfeitos. O *worm* se espalhou furtando endereços de e-mail do computador das vítimas e de clientes de bate-papo. Depois, ele passou a enviar esse e-mail para todos da lista de endereços. O vírus do amor se espalhou por todo o mundo e causou bilhões de dólares de prejuízo!

O *worm* ILOVEYOU foi desenvolvido por um universitário filipino chamado Onel de Guzman, que tinha feito o *script* malicioso desenvolvido em Visual Basic para um trabalho da faculdade que fora rejeitado. Guzman, então, decidiu soltar a mensagem com vírus no dia 4 de maio de 2000, um dia antes de sua formatura.

Devido à falta de legislação que envolvesse crimes digitais, o estudante filipino foi absolvido, pois o Departamento de Justiça do país não encontrou provas.

Outro ataque devastador causado por *worm* foi o CodeRed que, no dia 19 de Julho de 2001, infectou mais de 359.000 servidores em apenas 14 horas. Os *hosts* infectados eram servidores web do Microsoft IIS (Serviço de Informações de Internet) que não instalaram um *patch* com atualizações de segurança para esse servidor. Ocorria uma falsificação na página do servidor web que era temporária.

Apesar desse *worm* não ter causado um dano relevante nas máquinas infectadas, esse ataque serviu de alerta para a importância. Esse *exploit* evidenciou a necessidade de manter as máquinas atualizadas com os desenvolvimentos de segurança.

Além disso, também ressalta a necessidade de fazer backup de sistemas críticos. Dado que conseguiu infectar milhares de servidores, *worm* poderia facilmente ter corrompido dados, reformatado discos rígidos ou causado outros danos irreparáveis.

> **SAIBA MAIS** sobre o CodeRed, inclusive com animações sobre a velocidade de infecção do *worm* estão disponíveis no site: https://www.caida.org/archive/code-red/coderedv2_analysis/ (em inglês). Acessado em 29 nov. 2022.

3.2.3 Trojan

Na história grega, há um conto famoso da invasão da cidade de Troia, retratado pelo poeta grego Homero, na epopeia chamada Ilíada. Para entrar pelas muralhas da cidade, os gregos decidiram se esconder dentro de uma estátua gigante de madeira em formato de cavalo sob o disfarce de ser um presente. Os troianos permitiram a entrada do presente como uma oferta de paz e, tarde da noite, os gregos saíram da estátua e atacaram a cidade.

Em segurança de computadores, existe um *malware* que funciona como um cavalo de troia. O Trojan é um *malware* que utiliza sua aparência externa de forma a enganar o usuário a executá-lo (KIM, SOLOMON, 2013). É um código malicioso e, uma vez executado, as instruções de ataque são realizadas com as permissões e a autoridade do usuário. O cavalo de troia dos computadores tem que ser aceito pelo usuário, ou seja, o programa tem que ser executado pelo usuário. Ninguém instalaria um *malware* em sua máquina de propósito, por isso os Trojans tentam enganar e se disfarçam como outro software.

O primeiro cavalo de Troia foi Animal, lançado em 1974. Este cavalo de troia se disfarçava por um jogo de charadas, no qual o computador buscava adivinhar o animal pensado pelo usuário através de perguntas. Este código se copiava em todos os diretórios para os quais o usuário tinha acesso para gravação.

Os cavalos de Troia podem ser classificados de acordo com o dano que causam, ou com a forma pela qual eles violam um sistema. Um tipo de cavalo de Troia de acesso remoto permite um acesso remoto não autorizado. Outra forma é o envio de dados que fornece ao agente de ameaça dados confidenciais da rede como credenciais e senhas. Há o cavalo de Troia destrutivo, capaz de corromper ou excluir arquivo. Outro tipo é o *proxy*, que utiliza o computador da vítima como dispositivo de origem para realizar ataques e outras atividades ilegais.

Outro tipo de cavalo de Troia é o Desativador de software de segurança cujo objeto é impedir o funcionalmente de softwares de segurança como antivírus ou *antimalware* e *firewalls*. Existem também os cavalos de Troia que retardam ou interromper a atividade da rede através de Negação de Serviço (DoS) e os agentes de *log* de digitação que buscam ativamente retirar informações confidenciais do usuários, por exemplo, números de cartão de crédito, já que gravam as teclas digitadas em um formulário web.

Figura 18 – Cavalo de Troia

Fonte: https://www.freepik.com/premium-psd/3d-rendering-trojan-icon-illustration_31956919.htm#page=4&query=trojan%20virus&position=41&from_view=keyword. Acessado em 20 dez. 2022.

3.2.4 Programa Espião ou Spyware

Um *spyware* ou programa espião é um tipo de *malware* com objetivo de coletar informações sobre um usuário por meio de uma conexão de internet sem consentimento desse usuário. Dessa forma, este código malicioso retira a confidencialidade da informação. Alguns programas gratuitos ou *freeware* contém um programa espião.

Após a instalação do programa espião, este aplicativo monitora as atividades de um usuário na Internet, colhendo informações como endereços de e-mail, senhas e até números de cartão de crédito. Essas informações podem ser utilizadas para fins de envio de propaganda e marketing ou para facilitar o roubo de identidades.

O *spyware* funciona como um programa executável independente pode realizar operações como varredura arquivos no disco rígido, leitura de *cookies*, alteração da página inicial do navegador web, monitoração dos toques de teclas.

3.2.5 Adware

O *adware* é uma das formas mais visíveis de *malware* que você encontrará e a maioria dos usuários da Internet o vê todos os dias. O adware é apenas um software que exibe anúncios e coleta dados. Quem nunca se irritou quando ao navegador na Internet começam a surgir *pop-ups* de diversos anunciantes?

Às vezes, nós mesmos baixamos *adware* de forma consciente. Isso acontece quando você concorda com termos de serviço de softwares gratuitos em troca da exibição anúncios. Outras vezes, ele pode ser instalado sem seu consentimento e pode realizar outras ações prejudiciais além de simplesmente exibir anúncios. Assim, *Adware* é qualquer programa que automaticamente executa, mostra ou baixa publicidade para o computador depois de instalado ou enquanto a aplicação é executada.

Alguns programas *adware* têm sido criticados porque ocasionalmente possuem instruções para captar informações pessoais e as passar para terceiros, sem a autorização ou o conhecimento do usuário. Esta prática é conhecida como *spyware*, e tem provocado críticas dos *experts* de segurança e os defensores de privacidade, incluindo o Electronic Privacy Information Center. Porém, existem outros programas *adware* que não instalam *spyware* (Adware, 2009).

> **LEMBRETE**
> *Adware* é qualquer programa que automaticamente executa, mostra ou baixa publicidade para o computador depois de instalado ou enquanto a aplicação é executada. Entretanto, as informações identificáveis pessoalmente não são transmitidas.

3.2.6 Scareware

Este tipo de *malware* é projetado para persuadir o usuário a executar uma ação específica com base no medo. O *scareware* simula janelas *pop-up* que se assemelham às janelas de diálogo do sistema operacional. Essas janelas transmitem mensagens falsificadas que afirmam que o sistema está em risco ou precisa da execução de um programa específico para retornar à operação normal. Na realidade, nenhum problema foi avaliado ou detectado. Se o usuário concordar e executar o programa mencionado para a limpeza, seu sistema será infectado com *malware*.

3.2.7 Bot e Botnet

Bot é um programa que possui recursos de comunicação com o invasor que permitem que ele seja controlado de forma remota. Seu processo de infecção e propagação é similar ao *worm*, tendo capacidade para se propagar automaticamente, se aproveitar vulnerabilidades existentes nos softwares e sistemas instalados.

Um computador infectado por um *bot* é conhecido como zumbi ou *zombie computer*, e é controlado sem o conhecido de seu dono. Quando os atores da ameaça comprometem muitos *hosts*, eles podem executar um ataque DoS distribuído (DDoS).

Os ataques DDoS são semelhantes em intenção aos ataques DoS, exceto que um ataque DDoS aumenta em magnitude porque ele se origina de várias fontes coordenadas, como mostrado na figura a seguir. Um ataque DDoS pode usar centenas ou milhares de fontes, como em ataques DDoS baseados em Internet das Coisas (IoT).

Figura 19 – Ataque de DDoS

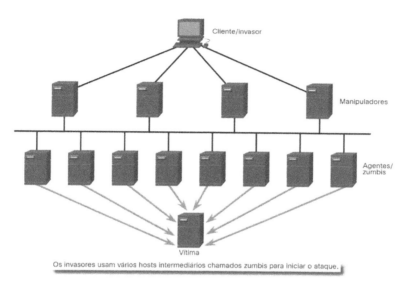

Fonte: (CISCO, 2020)

Um exemplo de ataque de DDoS ocorreu com a *Botnet* Mirai. Este *malware* direcionou dispositivos IoT configurados com informações de *login* padrão do fabricante, principalmente câmeras de televisão de circuito fechado (CCTV).

Depois de obter acesso bem-sucedido, Mirai direcionou os utilitários BusyBox baseados em Linux que são executados nesses dispositivos. Esses utilitários foram usados para transformar os dispositivos em *bots* que poderiam ser controlados remotamente como parte de uma *botnet*. O *botnet* foi então usado como parte de um ataque distribuído de negação de serviço (DDoS). Em setembro de 2016, uma *botnet* Mirai com mais de 152.000 CCTVs e gravadores de vídeo digitais (DVRs) foi responsável pelo maior ataque DDoS conhecido até então. Com o pico de tráfego de mais de 1 Terabyte por segundo (TB/s), ele derrubou os serviços de hospedagem de uma empresa de hospedagem na web com sede na França.

Em outubro de 2016, os serviços da Dyn, um provedor de serviços de nomes de domínio (DNS), foram atacados, causando interrupções na internet para milhões de usuários nos Estados Unidos e na Europa.

Em dezembro de 2017, três atores americanos de ameaças declararam-se culpados por conspirar para "conduzir ataques DDoS contra sites e empresas de hospedagem na web localizadas nos Estados Unidos e no exterior". Os três criminosos tiveram pena de até 10 anos de prisão e aplicação de multas de até 250 mil dólares.

3.2.8 Man-In-the-Middle (MitM)

Um criminoso que realiza um ataque Man-in-the-Middle (MitM) através da interceptação das comunicações entre computadores buscando roubar informações que trafegam pela rede. MitM permite que o invasor tenha o controle sobre um dispositivo sem o conhecimento do usuário. Ao obter esse nível de acesso, o invasor pode interceptar e capturar informações do usuário antes de transmiti-las ao seu destino desejado. Os ataques MitM são amplamente utilizados para roubar informações financeiras. Muitos *malwares* e técnicas existem para fornecer aos invasores recursos de MitM.

Figura 20 – Exemplo de ataque Man-in-the-Middle

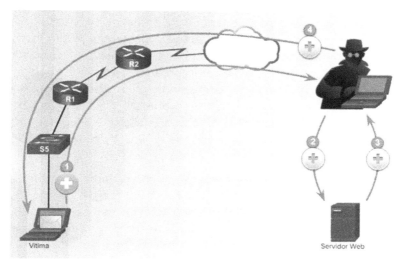

Fonte: (CISCO, 2020).

3.2.9   Man-In-the-Mobile (MitMo)

Com a utilização de canais móveis como *tablets* e *smartphones*, surgiu uma variação do Man-In-the-Middle. O MitMo é um tipo de ataque usado para assumir o controle de um dispositivo móvel. Quando infectado, o dispositivo móvel pode eventualmente extrair as informações confidenciais do usuário e enviá-las para os invasores.

3.2.10   Rootkit

Os programas Backdoor ou porta dos fundos como Netbus e Back Orifice são utilizados por criminosos virtuais para ganhar acesso não autorizado a um sistema, desviando-se dos procedimentos de autenticação. *Backdoors* garantem aos cibercriminosos acesso contínuo ao sistema, mesmo no caso de a empresa já ter se protegido da vulnerabilidade original utilizada no ataque ao sistema.

Um *rootkit* modifica o sistema operacional para criar um *backdoor* ou porta dos fundos, escondendo a presença de um invasor no computador contaminado. Os invasores usam o *backdoor* para acessar o computador remotamente. As ferramentas que integram o *rootkit* não são necessariamente utilizadas para obtenção de acesso privilegiado ao sistema operacional como *root* ou administrador, mas para manutenção do acesso privilegiado em um computador infectado anteriormente. Graças à elevação de privilégio, é possível alterar arquivos do sistema.

Mesmo utilizando ferramentas de monitoramento, um ataque de *Rootkits* é de difícil detecção, pois *rootkits* podem modificar as ferramentas de gerenciamento e forenses. Em muitos casos, um computador infectado por um *rootkit* deve ser formatado e todos os softwares necessários devem ser reinstalados.

3.2.11 Ransomware

O *ransomware* é um software malicioso que aprisiona um sistema de computador ou os dados nele encontrados até que a vítima faça um pagamento para o resgate de dados. O *ransomware* normalmente funciona criptografando os dados no computador com uma chave desconhecida ao usuário. O usuário deve pagar um resgate aos criminosos para remover a restrição e o significado da palavra inglesa *ransom* é resgate.

Outras versões do *ransomware* podem lançar mão das vulnerabilidades de sistemas específicos para bloquear o sistema. O *ransomware* se propaga como um cavalo de Troia e resulta de um arquivo baixado ou de um ponto fraco no software.

A meta do criminoso é sempre o pagamento através de um sistema de pagamento indetectável, como as criptomoedas. Depois que a vítima efetua o pagamento, o criminoso fornece um programa que descriptografa os arquivos ou envia um código de desbloqueio.

Estudo de Caso de Ramsonware

Um tipo de *ransomware*, espalhado pela primeira vez em fevereiro de 2016, é chamado Locky, que foi implementado por um grupo organizado de *hackers*.

Este *ramsomware* tinha capacidade de criptografar mais de 160 tipos de arquivos e se dissemina enganando as vítimas e persuadindo-as a instalar esse *ransomware* com e-mails falsos que possuem anexos infectados. Um dos infectados era funcionário do hospital Hollywood Presbyterian Medical Center e abriu um anexo que parecia ser uma fatura do hospital. Esse método de transmissão do Locky foi o *phishing*, uma forma de engenharia social.

O *ransomware* foi replicado na rede e mapeou os *drivers* e, por fim, conseguiu derrubar a rede do hospital inteiro. Os sistemas computacionais ficaram muito lentos e todos os arquivos de *drivers* locais e da rede foram encriptados. De acordo com INFOSEC, a rede ficou fora de operação por mais de uma semana e os funcionários do hospital só conseguiam utilizar fax e blocos de notas para continuar suas operações.

O *Ransomware* exigiu o pagamento de 40 Bitcoins, equivalente a US$ 17.000,00 dólares na época para envio da chave de descriptografia para recuperação dos dados. Para ter seus dados novamente, foi necessário o hospital realizar o pagamento desse resgate.

Figura 21 – Exemplo do Locky Ransomware

Fonte: Disponível em https://commons.wikimedia.org/wiki/
Category:Ransomware#/media/File:Locky_ransomware_source_code.jpg.
Acessado em 29 nov. 2022.

Os cibercriminosos não se preocupam com seus alvos, pois seu objetivo é receber o resgate. Podem ser alvos pessoas físicas, empresas de qualquer setor ou agências de Governo.

3.2.12   Bombas Lógicas ou Logic Bombs

Uma bomba lógica ou *Logic Bomb* é um programa mal-intencionado que utiliza um gatilho para ativar o código malicioso. Por exemplo, os dispositivos que acionam podem ser datas, horas, outros programas em execução ou a exclusão de uma conta de usuário. A bomba lógica permanece inativa até que o evento acionador aconteça.

Assim que ativada, a bomba lógica implementa um código malicioso que danifica um computador. Uma bomba lógica pode sabotar os registros de banco de dados, apagar arquivos e atacar sistemas operacionais ou aplicativos. Recentemente, especialistas em segurança digital descobriram bombas lógicas que atacam e destroem os componentes de hardware em uma estação de trabalho ou servidor, incluindo as ventoinhas, CPU, memória, discos rígidos e fontes de alimentação. A bomba lógica sobrecarrega esses dispositivos até o superaquecimento ou falha.

Considera-se como o ataque original da bomba lógica um incidente ocorrido durante a Guerra Fria, entre os EUA e a União Soviética em 1982. A CIA, agência de inteligência dos EUA, foi supostamente informada de que um agente da KGB, antiga agência de inteligência soviética, havia roubado os planos de um sistema de controle avançado com o software relacionado de uma empresa canadense, para ser usado em um oleoduto siberiano. A CIA aparentemente tinha uma bomba lógica codificada no sistema para sabotar o inimigo.

3.2.13   Sequestrador de navegador

Um sequestrador de navegador é o *malware* que altera as configurações do navegador de um computador de forma a realizar o redirecionamento do usuário para sites pagos pelos clientes de criminosos virtuais. Normalmente, os sequestradores de navegador são instalados sem a anuência do usuário e compõe um *download drive-by*. Um *download drive-by* é um programa que é transferido automaticamente para o computador, quando um usuário visita um site da Web ou visualiza uma mensagem de e-mail HTML.

É essencial sempre ler os contratos de usuário atentamente ao fazer *download* de programas, para evitar esse tipo de *malware*.

Um exemplo de uso não aceitável é que usuários não autorizados que buscam arquivos ou diretórios não devem conseguir ler ou a proibição de websites de conteúdos inadequados.

3.3   TIPOS DE ATAQUES

Esta seção irá apresentar alguns dos tipos de ataques mais comuns no ambiente WEB, tais como:

- Falsificação de e-mail;
- Ataque de força bruta;
- Desfiguração de página (*Defacement*);
- *Plugins*;
- Envenenamento de SEO;
- Fraude de antecipação de recursos;
- Representação (scam) e farsas ou boatos (*hoax*);
- *Phishinng*;
- *Pharming, Smishing, Vishing* e *Whaling*;
- Shoulder Surfing.

3.3.1   Falsificação de e-mail

A técnica de Falsificação de e-mail ou *e-mail spoofing* altera campos do cabeçalho de um e-mail para iludir o usuário com informação do remetente incorreta.

Por uma deficiência do protocolo de do serviço de e-mail SMTP *(Simple Mail Transfer Protocol)*, os campos "From:", remetente da mensagem, "Reply-To", endereço de resposta, e "Return Path", endereço para reportar erros no envio da mensagem, podem ser falsificados.

Os atacantes utilizam endereços de e-mail coletados de computadores que foram contaminados e tentam fazer com que seus destinatários acreditem que partiram de pessoas que elas conhecem e confiam.

Certamente você já deve ter recebido e-mails de desconhecidos solicitando seu clique no *link* disponibilizado na mensagem ou a execução de um programa anexado.

3.3.2   Ataque de força bruta

Um ataque de força bruta ou *brute-force attack* ocorre quando um atacante tenta acertar, por tentativa e erro, um nome de usuário e senha. Com isso, são executados processos e obtém-se acesso a sites, computadores e serviços em nome e com os mesmos privilégios deste usuário.

Essas tentativas são realizadas através de ferramentas automáticas para tornar o ataque mais efetivo.

Adicionalmente, um ataque de força bruta pode iniciar um ataque de negação de serviço dependendo da forma como é realizado, pois ocorrerá uma sobrecarga no site resultante de uma grande quantidade de tentativas em um período de tempo reduzido.

3.3.3   Desfiguração de página (Defacement)

Na técnica de Desfiguração de página ou *Defacement,* há a alteração de conteúdo de uma página Web de um site. O atacante é chamado de *defacer* e este explora erros da aplicação Web, vulnerabilidades do servidor de aplicação Web, vulnerabilidade da linguagem de programação ou dos pacotes usados para desenvolver a aplicação, invade o servidor onde a aplicação está instalada e altera diretamente os arquivos que formam o site e furta senhas de acesso à interface Web utilizadas para administração remota.

As violações de segurança podem afetar os navegadores da Web ou *browsers* de forma a exibir anúncios de *pop-up,* coletar informações pessoais identificáveis e sensíveis ou instalar *adware,* vírus ou *spyware.* Um criminoso virtual pode realizar tanto a invasão em um arquivo executável, os componentes ou como nos *plugins* do navegador.

3.3.4   Plugins

Os *Plugins* Flash e Shockwave da Adobe permitem a criação de animações gráficas e desenhos interessantes que melhoram muito o visual de uma página da Web. Os *plugins* exibem o conteúdo desenvolvido usando o software apropriado.

Até pouco tempo, os *plugins* tinham um registro de segurança considerável. À medida que o conteúdo baseado em Flash cresceu e se tornou mais popular, os criminosos examinaram os *plugins* e softwares Flash, determinaram vulnerabilidades e exploraram o Flash Player. A exploração com sucesso pode causar uma falha no sistema ou permitir que um criminoso assuma o controle do sistema afetado. Espera-se um aumento nas perdas de dados à medida que os criminosos continuem analisando as vulnerabilidades dos *plugins* e protocolos mais populares.

3.3.5 Envenenamento de SEO

Os mecanismos de busca, tais como Google, Bing e Yahoo, classificam as páginas e apresentam resultados relevantes com base nas consultas da pesquisa dos usuários. Conforme a relevância do conteúdo do site, ele pode aparecer mais alto ou mais baixo na lista de resultado da pesquisa. A sigla SEO, abreviação de *Search Engine Optimization* ou Otimização de mecanismos de busca, é um conjunto de técnicas usadas para melhorar a classificação do site por um mecanismo de pesquisa. Embora muitas empresas legítimas se especializem na otimização de sites para melhor posicioná-las, o envenenamento de SEO utiliza técnicas para que um site mal-intencionado fique mais alto nos resultados da pesquisa.

O intuito do envenenamento de SEO é para majorar o tráfego em sites maliciosos que podem hospedar *malware* ou executar engenharia social. Para forçar um site malicioso a obter uma classificação mais elevada nos resultados de pesquisa, os invasores utilizam termos de busca populares.

3.3.6 Fraude de antecipação de recursos (Advance fee fraud)

Segundo Houaiss, fraude é "qualquer ato ardiloso, enganoso, de má-fé, com intuito de lesar ou ludibriar outrem, ou de não cumprir determinado dever; logro". Na fraude de antecipação de recursos ou *advance fee fraud*, um golpista procura induzir uma pessoa a fornecer informações confidenciais ou a realizar um pagamento adiantado, com a promessa de receber algum tipo de benefício futuro.

Através de troca de mensagens eletrônicas ou do acesso a sites fraudulentos, a vítima é envolvida em alguma situação ou história mirabolante, para justificar o envio de informações pessoais e realização do pagamento adiantado. Depois do fornecimento dos recursos solicitados, a pessoa percebe o golpe, pois o tal benefício prometido não existe, constata que foi vítima de um golpe e que suas informações ou recursos já estão em posse de golpistas.

O Golpe da Nigéria ou *Nigerian 4-1-9 Scam é* um tipo de fraude mais conhecida, sendo que a referência 4-1-9 equivale ao número do artigo do código penal nigeriano que trata de estelionato, como o artigo 171 no Código Penal Brasileiro.

3.3.7 Representação (scam) e farsas ou boatos (hoax)

A representação é o ato de fingir ser outra pessoa. Por exemplo, um *scam* de telefone recente mirava nos contribuintes. Um criminoso, disfarçado de funcionário da Receita Federal, dizia para as vítimas que elas deviam dinheiro à Receita. As vítimas devem pagar imediatamente através de uma transferência bancária. O impostor ameaçou que a falta de pagamento resultará em prisão. Os criminosos também usam a representação para atacar os outros. Eles podem prejudicar a credibilidade das pessoas, usando publicações em site ou redes sociais.

Uma farsa, boato ou *hoax* é um ato com a finalidade de enganar ou ludibriar. Uma farsa virtual pode causar tanto problema quanto uma violação real. Por meio de uma leitura minuciosa de seu conteúdo, normalmente, podem-se identificar informações sem nexo e tentativas de golpes, como correntes e pirâmides financeiras.

Uma farsa provoca uma reação do usuário. A reação pode criar um medo desnecessário e um comportamento irracional. Frequentemente, os usuários passam as farsas por e-mail e redes sociais sem checar se aquelas informações são verdadeiras.

3.3.8 Phishing

Phishing, phishing-scam ou *phishing/scam* é o tipo de golpe por meio da qual um criminoso tenta obter dados pessoais e financeiros de um usuário, pela utilização combinada de meios técnicos e engenharia social. Os criminosos virtuais utilizam e-mail, mensagem instantânea ou outras mídias sociais para coletar informações, como credenciais de *logon* ou informações da conta, ao colocar uma fachada de entidade ou pessoa confiável.

> **OBSERVAÇÃO**
> A origem da palavra *phishing* é uma analogia com a palavra inglesa *fishing*, criada pelos golpistas, onde as "iscas" representam as mensagens eletrônicas utilizadas para "pescar" senhas e dados financeiros de usuários da Internet.

O *phishing* ocorre quando uma parte mal-intencionada envia um e-mail fraudulento disfarçado de uma fonte legítima e confiável. A intenção da mensagem é enganar o destinatário para instalar o *malware* no dispositivo dele ou compartilhar informações pessoais ou financeiras.

Abaixo é mostrado um exemplo de *phishing* através de e-mail enviado em plena pandemia do coronavírus, no qual o remetente estava marcado como a Organização Mundial de Saúde.

Figura 22 – Exemplo de phishing que se aproveita da pandemia

Fonte. https://thehack.com.br/covid-19-como-os-criminosos-estao-tirando-proveito-da-pandemia/ Acessado em 29 nov. 2022.

Um exemplo de *phishing* é um e-mail falsificado para parecer que veio de uma loja de varejo, solicitando que o usuário clique em um *link* para receber um prêmio. O *link* pode ir para um site falso que pede informações pessoais ou pode instalar um vírus.

Campanhas de *phishing*, promoções fraudulentas e campanhas de "desinformação" estão entre as formas de ataque mais comuns. Um exemplo recente foi o ataque sofrido pelo Departamento de Saúde e Serviços Humanos dos Estados Unidos (HHS), que sofreu um ataque distribuído de negação de serviços (DDoS)

após uma campanha com o objetivo de espalhar o pânico durante a pandemia do COVID-19.

Você provavelmente já deve ter recebido e-mails com assuntos como chave de segurança de conta em um banco que você nunca abriu conta corrente ou expiração de pontos de programas de fidelidade de cartão de crédito. Esse tipo de e-mail contém um *link* que não direciona para o site do banco, mas para um site criado pelo fraudador.

> **FIQUE ATENTO**
>
> *Firewalls* e programas *antimalware* não detectam parte relevante das fraudes de *phishing*, já que não há código suspeito. Filtros de *spam* nem sempre retiram todas as mensagens de *phishing*, já que aparentemente as mensagens vêm por meio de fontes legítimas.

Uma variação do ataque de *phishing* é o *spear phishing*, que utiliza e-mail ou mensagens instantâneas para obter informações de acesso não autorizado a dados confidenciais em empresas (KIM, SOLOMON, 2013).

Aparentemente, essas mensagens são de fontes confiáveis, sendo um ataque de *phishing* altamente direcionado. Embora o *phishing* e o *spear phishing* utilizem e-mails para alcançar as vítimas, o *spear phishing* envia e-mails personalizados a uma pessoa específica. O criminoso pesquisa os interesses da vítima antes de enviar o e-mail.

Por exemplo, um criminoso descobre que a vítima está interessada em carros, procurando um modelo específico de carro para comprar. O criminoso entra no mesmo fórum de discussão de carros utilizado pela vítima, forja uma oferta de venda de carro e envia um e-mail para o alvo. O e-mail contém um *link* para as fotos do carro. Ao clicar no *link*, a vítima instala inconscientemente o *malware* no computador.

A melhor forma de proteção contra *phishing* de qualquer tipo é não oferecer informações pessoas quando solicitado por e-mail ou aplicativo de mensagens instantâneas como Whatsapp, Telegram, Messenger. Se desconfiar das informações, acesse o endereço web da empresa digitando no navegador e não pelo clique no *link* da mensagem.

O Grupo de Trabalho Anti-Phishing, em inglês Anti-Phishing Working Group (APWG) é uma associação de âmbito mundial e multissetorial, incluindo empresas comerciais, governos, universidades e Organizações Não-Governamentais (ONGs). APWG busca eliminar fraudes e roubos de identidade decorrentes de falsificação de mensagens de e-mail.

O site https://apwg.org/ traz informações, relatórios e eventos sobre esse Grupo de Trabalho. Acessado em 29 nov. 2022.

3.3.9   Pharming, Smishing, Vishing e Whaling

Outros subtipos de *phishing* são *Pharming, Smishing, Vishing e Whaling. Pharming* é a representação de um site legítimo na tentativa de enganar os usuários para inserir as credenciais. O *pharming* leva os usuários para um site falso que parece ser oficial, por meio de alterações no serviço de nomes de domínio ou *Domain Name System* (DNS). Assim, as vítimas inserem suas informações pessoais, pois consideram que estão conectadas a um site legítimo.

Este redirecionamento podo acontecer pela ação de código maliciosos projetados para mudar o comportamento do serviço DNS do computador ou pela ação direta de um invasor, que obtenha acesso às configurações do serviço de DNS do computador ou modem de banda larga.

Vishing é o *phishing* que usa a tecnologia de comunicação de voz. Os criminosos podem falsificar as chamadas de origens legítimas usando a tecnologia de Voz sobre IP ou *Voice over IP* (VoIP). As vítimas também podem receber uma mensagem gravada aparentemente legítima. Os criminosos desejam obter números de cartão de crédito ou outras informações para roubar a identidade da vítima. Uma premissa importante do *vishing* é o fato de que as pessoas confiam na rede telefônica.

Smishing (Short Message Service phishing) é o *phishing* que usa mensagens de texto em celulares. Os golpistas se passam por uma fonte legítima na tentativa de obter a confiança da vítima. Por exemplo, um ataque de *smishing* pode enviar à vítima o *link* de um site. Quando a vítima visita o site, o *malware* é instalado no telefone celular.

Whaling é um ataque de *phishing* que procura vítimas de elevada hierarquia em uma empresa, como executivos seniores. Outras vítimas incluem políticos ou celebridades.

SAIBA MAIS

Existem diversos sites especializados que divulgam listas dos golpes aplicados na Internet. Segue uma lista de alguns sites:

Monitor de Fraudes.

Disponível em http://www.fraudes.org/. Acessado em 25 abr. 2020.

E-farsas

Disponível em https://www.e-farsas.com/. Acessado em 25 abr. 2020.

Snopes.com – UrbanLegendsReferencePages.

Disponível em http://www.snopes.com/. Acessado em 25 abr. 2020.

TruthOrFiction.com

Disponível em http://www.truthorfiction.com/. Acessado em 25 abr. 2020.

UrbanLegends and Folklore

Disponível em http://urbanlegends.about.com/. Acessado em 25 abr. 2020

3.3.10 Shoulder Surfing

A expressão *Shoulder Surfing* representa a forma que criminosos roubam informações relevantes ao olhar por cima do ombro de outra pessoa, ou seja, o criminoso está bisbilhotando a vítima. Neste tipo de ataque, um criminoso observa ou bisbilhota a vítima para obter PINs, senhas, códigos de acesso ou números de cartão de crédito.

Um invasor pode estar próximo de sua vítima ou pode usar binóculos, ou câmeras de circuito fechado para descobrir informações. É para impossibilitar essa ação que uma pessoa só pode ler uma tela de ATM em determinados ângulos. Esses tipos de proteções dificultam muito o *Shoulder Surfing*.

3.4 ENGENHARIA SOCIAL

A Engenharia Social ou *Social Engineering*, em inglês, é um ataque de acesso que tenta manipular os fatores humanos da segurança para divulgarem informações confidenciais ou realizarem ações que facilitem o ataque à rede ou ao sistema. Segundo (CERT-BR, 20102), a Engenharia Social é uma técnica por meio da qual uma pessoa busca persuadir outra a executar determinadas ações. Muitas vezes, os engenheiros sociais baseiam-se na vontade que as pessoas possuem em ajudar, mas também tiram partido das suas fraquezas.

Na Engenharia Social, o elemento humano é inserido como uma brecha de segurança. Pessoas responsáveis pelo atendimento ao cliente, como recepcionista e auxiliadores administrativos com poucos conhecimentos sobre a empresa são alvos de ataque de engenharia social.

O erro humano pode ser entendido como todo comportamento inseguro, seja ele um ato contínuo ou resultante de uma desconcentração, que pode ser utilizado por um atacante para que este consiga comprometer um sistema. A maior dificuldade com o erro humano é que ele não pode ser completamente eliminado, apenas mitigado. Afinal, nenhuma pessoa é perfeita e nenhum treinamento pode mudar isso.

Trata-se de um meio não técnico dos criminosos virtuais obterem informações sobre suas vítimas, sendo um ataque que tenta induzir pessoa a realizar ações ou divulgar informações confidenciais. Por exemplo, um atacante pode contatar um funcionário autorizado relativamente a um problema urgente que requer o acesso imediato à rede.

O atacante pode apelar ao orgulho do funcionário, invocar autoridade utilizando técnicas de citação de nomes ou apelar à cobiça do funcionário. O sucesso de ataques desse tipo depende da tendência das pessoas em desejar ser útil.

Figura 23 - Exemplo de ação de Engenharia Social

Fonte: (CISCO, 2020)

Existem diversas técnicas ativas e passivas que atacante pode utilizar utilizando a engenharia social com objetivo de obter dados e informações de pessoas. Um exemplo de técnica passiva é deixar um *pen-drive* de forma proposital em um local. Provavelmente, alguma pessoa irá encontrar aquele *pen-drive* supostamente perdido e irá inserir em um computador, infectando esse dispositivo. Por sua vez, um telefonema para um funcionário passando-se por um técnico pode ser considerado uma técnica ativa de engenharia social.

Seguem-se alguns tipos de ataques de engenharia social:

- **Pretexting** – Ocorre quando um atacante contacta uma pessoa, contando uma estória falsa no sentido de obter acesso a dados privilegiados. Um exemplo é quando um atacante finge necessitar de dados pessoais ou financeiros para confirmar a identidade do destinatário.
- **Troca por troca (*Quid pro quo*)** ou *Something for Something* – Ocorre quando um atacante solicita informações pessoais a uma entidade em troca de algo como, por um presente.
- *Tailgating* – Ocorre quando um atacante segue rapidamente uma pessoa autorizada para uma localização segura.

São diversas as técnicas empregadas pelos engenheiros sociais utilizam várias táticas. As táticas de engenharia social incluem:

- **Autoridade** – As pessoas são mais propensas a cooperar quando instruídas por «uma autoridade». Ao receber por anexo no e-mail uma notificação de um órgão do governo, como Receita Federal e Justiça Eleitoral, uma pessoa começa a fornecer informações confidenciais. Em empresas, quando os colaboradores recebem alguma atividade que supostamente foi solicitada por um diretor, essa tarefa tem maior prioridade.
- **Intimidação** – Os criminosos intimidam a vítima a realizar uma ação com ameaças.
- **Consenso/prova social** – As pessoas realizarão essa ação se acharem que as outras pessoas aprovarão. Muitos criminosos criam sites falsos com depoimentos de pessoas para promover um produto que diz ser seguro.
- **Escassez** – As pessoas realizarão essa ação se acharem que existe uma quantidade limitada.
- **Urgência** – As pessoas realizarão essa ação se acharem que existe um tempo limitado com preço atrativo, parecendo ser uma ótima oportunidade de negócio.

- **Familiaridade ou gosto** – Os criminosos criam empatia com a vítima para estabelecer um relacionamento.
- **Confiança** – Os criminosos criam uma relação de confiança com uma vítima, que pode precisar de mais tempo para ser estabelecida.

Outra técnica, apontada por (MAN, 2011), é que os engenheiros sociais fazem que suas vítimas sigam suas instruções e poucas pessoas recusam a segui-las. Desde a infância, o ser humano é treinado para seguir ordens e, em atividades militares, esta tendência é ainda mais reforçada. Por exemplo, os militares devem obedecer a todas as ordens dos oficiais mais seniores. Adicionalmente, a maior parte das pessoas tende a obedecer à instruções de outros quando se sente ignorante em relação à situação em que está.

Deve-se ressaltar que a melhor forma para mitigar a engenharia social e tratar as vulnerabilidades ligadas ao fator humano são as políticas de treinamentos sobre segurança de informação e conscientização abrangendo todos os colaboradores e terceiros de uma organização.

Apesar de parecer um golpe aparentemente ingênuo e que apenas afeta o usuário leigo, a Engenharia Social é considerada uma das maiores ameaças à segurança da informação e a sua aparente simplicidade encobre uma perigosa forma de invadir até os sistemas mais bem protegidos.

É uma responsabilidade dos profissionais de segurança ensinar os outros funcionários da empresa sobre as táticas utilizadas pelos engenheiros sociais. Já existem ferramentas para criação de ataques de engenharia social para teste das próprias redes. Com fins educacionais, foi desenvolvido o *Social Engineer Toolkit* (SET) que está disponível em https://github.com/trustedsec/social-engineer-toolkit. Acessado em 21 ago. 2022.

SAIBA MAIS

Para quem se interessa pela atuação prática da Engenharia Social, uma sugestão de bibliografia é:

MITINIK, K. SIMON, W. L. A arte de enganar: ataques de hackers: controlando o fator humano na segurança da informação. Tradução Kátia Aparecida Roque. São Paulo: Pearson, 2003.

4. AMEAÇAS E VULNERABILIDADES

Ameaças e vulnerabilidades são as principais preocupações dos profissionais de segurança cibernética. De acordo com (MICROSOFT, 2009), Ameaça é uma ocorrência em potencial, mal-intencionada ou não, que pode danificar um ativo. Já vulnerabilidade representa uma fraqueza que possibilita uma ameaça. Duas situações são especialmente críticas:

- Quando uma ameaça é a possibilidade de um evento prejudicial, como um ataque.
- Quando uma vulnerabilidade torna um alvo suscetível a um ataque, existindo ativos ou elementos a serem protegidos.

Levando as vulnerabilidades dos sistemas web, criminosos virtuais podem procurar falhas de segurança em uma aplicação e gerar prejuízos aos usuários e perda financeira e de reputação da empresa invadida.

Sistema web de empresas e governos pode ser atacado e acarretar a perda de informações relevantes, sendo necessário o conhecimento das vulnerabilidades do ambiente.

4.1 ELEMENTOS QUE GERAM VULNERABILIDADES

Os elementos a serem protegidos em redes de computadores são:

- **Ativos físicos**, tais como os diversos servidores *data center*, os equipamentos de comunicação, por exemplo, roteadores, *switches*, pontos de rede, cabeamento, entre outros.
- **Informação**, por exemplo, informações dos sistemas financeiros, pessoas, fornecedores, vendas, arquivos armazenados no servidor, os *logins* de acesso e senhas na rede.

- **Pessoas**, como administradores de sistema, suporte técnico e usuários.
- **Ativos tecnológicos**, softwares de diversos tipos, dentre eles: serviços, protocolos, aplicações e aplicativos móveis.

Nos ativos tecnológicos, os serviços englobam servidor de arquivos, servidor web, servidores de e-mail, ferramentas colaborativas. Existe uma diversidade de protocolos utilizados em redes nas mais diversas camadas como os protocolos TCP, IP, HTTPS, DNS, SIP, NTFS. Os aplicativos móveis representam todos os serviços que podem ser acessados por *smartphones*, *tablets* e demais aparelhos móveis.

Para entendimento da segurança em ambiente web é necessário o conhecimento de protocolos de redes, principalmente a pilha de protocolos TCP/IP, implementada na internet. O Protocolo de Controle de Transporte ou *Transport Control Protocol* (TCP) é um protocolo que opera na camada de Transporte. O Protocolo de Internet ou *Internet Protocol* (IP) opera na camada de Rede.

Uma porta TCP está associada de forma direta a um serviço da camada de aplicação e possibilita pontos de conexão de rede com aquele serviço específico. Cada aplicação ou serviço utiliza um protocolo específico e funciona em uma porta específica para poder receber as conexões.

O número da porta TCP é designado pela organização denominada *Internet Assigned Numbers Authority* (IANA). A lista do nome dos serviços e registros de nomes de portas TCP está disponível em https://www.iana.org/assignments/service-names-port-numbers/service-names-port-numbers.xhtml. Acessado em 25 abr. 2022.

Por exemplo, a porta 22 do TCP é a porta padrão do serviço de *Secure Shell* (SSH), um serviço de rede que opera de forma segura sobre uma rede insegura, como no caso de *login* remoto de usuários a sistemas computacionais.

São através das portas que as conexões são estabelecidas. Adicionalmente, os ataques utilizam as portas para ocorrerem. Assim, devem ser implementados controles de segurança adequado nas portas.

> **LEMBRETE**
> Uma porta aberta representa um serviço disponível, que pode ser conectado e, consequentemente, pode ser atacado por um criminoso virtual.

4.2 TÉCNICAS PARA ENCONTRAR VULNERABILIDADES

Nesta seção, apresentadas técnicas para descoberta de vulnerabilidades que podem ser utilizadas por administradores de redes, que irão futuramente corrigir as vulnerabilidades, e atacantes. O objetivo dos atacantes será a identificar a vulnerabilidades para planejar um ataque que tenha maior probabilidade de êxito.

Estas técnicas são amplamente utilizadas por atacantes para identificação de potenciais alvos, pois possibilitam a associação de possíveis vulnerabilidades aos serviços habilitados em um computador.

4.2.1 Varredura de portas

Uma das técnicas mais utilizadas para iniciar a identificação de vulnerabilidades é a varredura de portas ou *port scanning*. Considerando que uma porta aberta em um computador corresponde a um serviço que está disponível, este computador pode ser acessado por essa porta e, com isso, um criminoso virtual pode enviar comando e realizar um ataque.

Conforme (NAKAMURA; GEUS, 2007), os *port scanners* são ferramentas usadas para a aquisição de informações referentes aos serviços que são acessíveis e definidas por meio do mapeamento das portas TCP e UDP. Com base nas informações obtidas através do *port scanning*, impedem-se esforços desnecessários com ataques a serviços inexistentes. Desse modo, o *hacker* se concentra na utilização de técnicas que exploram serviços específicos e, que podem ser de fato exploradas.

Um dos *port scanners* utilizados é o *nmap,* que pode realizar auditoria do *firewall* e dos sistemas de detecção de intrusão ou *Intrusion Detection System* (IDS) e verificação da pilha de protocolos TCP/IP.

> **SAIBA MAIS**
> *Network mapper* ou *Nmap* é um software livre, no qual é possível realizar o *download* do programa, bem como de seu código-fonte, sendo possível alterá-lo conforme as necessidades do desenvolvedor. O software foi inicialmente desenvolvido pelo especialista em segurança Gordon Lyon, que se autoproclamou como *hacker Fyodor.*
> Disponível em http://www.nmap.org. Acessado em 25 abr. 2020.

Apesar de essa ferramenta estar disponível para *hackers black-hat, nmap* pode ser utilizado também por administradores de sistemas e redes a fim de buscar brechas de segurança.

Além do mapeamento das portas abertas, outra funcionalidade do *nmap* é a descoberta do sistema operacional utilizado pelo alvo, os números de sequência dos pacotes TCP e o nome do servidor DNS.

Um dos métodos de *scanning* utilizado pelo *nmap é TCP connect(),* que é a forma mais básica de varredura TCP. A chamada de sistema ou *system call* connect() é empregada para abrir uma conexão nas portas do alvo. Caso a porta estiver aberta, a chamada de sistema funcionará com sucesso. Caso contrário, a porta não está aberta, e o serviço não existe no sistema.

Um ponto positivo nesse método é que não é necessário nenhum privilégio especial no sistema operacional para sua utilização. Por outro lado, o método é facilmente detectado, pois basta verificar as conexões em cada porta. A figura a seguir representa o método.

AMEAÇAS E VULNERABILIDADES

Figura 24 - Funcionamento do comando TCP:
connect ( ) port scanning

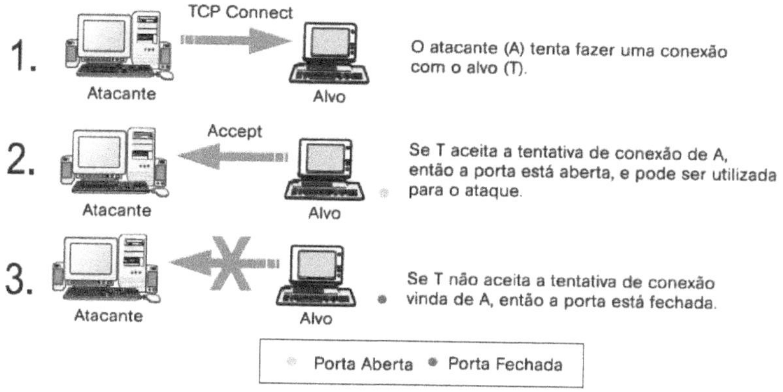

1. TCP Connect — Atacante (A) → Alvo (T): O atacante (A) tenta fazer uma conexão com o alvo (T).

2. Accept — Alvo → Atacante: Se T aceita a tentativa de conexão de A, então a porta está aberta, e pode ser utilizada para o ataque.

3. Atacante ✕ Alvo: Se T não aceita a tentativa de conexão vinda de A, então a porta está fechada.

Porta Aberta ● Porta Fechada

Fonte: (NAKAMURA; GEUS, 2007, p. 77)

Uma pichação de um website, por exemplo, ocorre com ataques à porta 80, que corresponde à porta padrão de funcionamento de um servidor web. Já um ataque a um servidor de e-mail ocorre na porta 25, que é a porta padrão do serviço SMTP (Simple Mail Transfer Protocol) de correio eletrônico.

Para que as empresas realizem a detecção da ação das varreduras de portas, são empregados os sistemas de detecção de intrusão ou *Intrusion Detection Systems* (IDS). Esse tipo de sistema faz o reconhecimento de padrões de varredura, de forma a alertar o administrador da rede contra tentativas de mapeamento da rede da organização.

4.2.2 Scanner de Vulnerabilidades

No contexto atual, as medidas de segurança não garantem totalmente sua eficácia para todos os possíveis ataques. Dessa forma, o processo de avaliar as vulnerabilidades do sistema frente a potenciais ameaças é fundamental para manutenção da segurança de informação.

Os Scanners de vulnerabilidade possuem a finalidade de busca por falhas em aplicativos, serviços e sistemas operacionais que trazem risco à segurança de uma rede quando operados por usuários não autorizados.

Esta ferramenta deve conter de um banco de dados de vulnerabilidades atualizado periodicamente, gerar um relatório de vulnerabilidades detalhado e preciso e fornecer informações relevantes sobre os problemas existentes, identificando forma de corrigi-los.

São exemplos de Scanner de Vulnerabilidades: LanGuard, Nessus e OpenVAS, Nipper, Core Impact e SAINT.

4.3 PRINCIPAIS VULNERABILIDADES EM AMBIENTES WEB

Identificados os sistemas a serem atacados e os serviços em execução, são buscadas vulnerabilidades específicas para cada serviço do sistema através da varredura de vulnerabilidades ou *scanning* de vulnerabilidades. No caso de ser encontrada uma vulnerabilidade na porta 80 do TCP, correspondente ao servidor web, será realizada uma varredura de vulnerabilidades em relação a esse servidor web.

Estas ferramentas realizam diversos tipos de testes nas redes, em busca de brechas de segurança existentes em aplicações, serviços, nos sistemas operacionais e nos protocolos de comunicação.

O documento OWASP Top 10 da fundação OWASP ou *Open Web Application Security Project* (OWASP), cujo objetivo é a melhoria de segurança do software, contém padrões para desenvolvedor e aplicativos de segurança para web. O Top 10 da OWASP (OWASP, 2021) apresenta as dez principais vulnerabilidades em aplicações no ambiente web naquele ano foram:

- A01:2021 Quebras no controle de acesso
- A02:2021 Falhas criptográficas

- A03:2021 Falhas de Injeção
- A04:2021 Projeto de aplicação inseguro
- A05:2021 Má configuração da Segurança
- A06:2021 Componentes vulneráveis e desatualizados
- A07:2021 Falhas de autenticação e identificação
- A08:2021 Falhas de Software e de integridade dos dados
- A09:2021 Falhas no Logs de segurança e no monitoramento
- A10:2021 Falsificação de solicitação por parte do servidor ou *Server-Side Request Forgery* (SSRF).

No site da OWASP, há uma descrição, formas de prevenção, exemplos de cenários de ataque, referências e uma lista de das exposições e vulnerabilidades comuns (CVE) para cada um dos itens dessa lista.

4.3.1 Quebras no controle de acesso

O objetivo da inserção do controle de acesso é fortalecer a política de segurança de modo a evitar que os usuários não possam atuar fora de suas permissões concedidas. As falhas geralmente resultam na divulgação não autorizada de informações, modificação ou destruição de todos os dados ou à execução de uma decisão comercial fora da alçada do usuário.

Um caso de vulnerabilidade comum é a violação do princípio de privilégio mínimo ou negação por padrão, no qual acesso deve ser somente concedido apenas para recursos, funções ou usuários específicos e deve estar indisponível para qualquer outro usuário.

Uma vulnerabilidade no controle de acesso pode resultar em uma elevação de privilégio. Neste caso, o usuário opera mesmo sem estar conectado ou atua como administrador quando conectado como usuário comum.

O controle de acesso somente é eficaz em código confiável do lado do servidor ou API sem servidor, em que o invasor não pode modificar a verificação ou os metadados do controle de acesso. Assim, a forma de prevenir a quebra no controle de acesso, é a geração de um código no servidor ou na API que o atacante não tenha nem escrita, nem leitura.

4.3.2 Scripting através de sites

Cross-site scripting (XSS) é uma vulnerabilidade encontrada nos aplicativos da Web. XSS permite que os criminosos injetem *scripts* em páginas da Web visualizadas por usuários. Esse *script* possui uma série de instruções a serem executadas de forma ordenada e pode conter código malicioso.

No *scripting* através de site, existem três participantes: o criminoso, a vítima e o site. O criminoso virtual não mira diretamente em uma vítima. O criminoso explora a vulnerabilidade dentro de um site ou aplicativo da Web. Os criminosos injetam *scripts* no cliente em páginas da Web visualizadas pelos usuários, as vítimas. O *script* mal-intencionado inadvertidamente passa para o navegador do usuário. Um *script* mal-intencionado desse tipo pode acessar quaisquer *cookies*, *tokens* de sessão ou outras informações confidenciais. Se obtiverem o *cookie* de sessão da vítima, os criminosos poderão se passar pelo usuário.

4.3.3 Injeção de código

Uma maneira de armazenar dados em um site é usar um banco de dados. Há vários tipos diferentes de bancos de dados, como SQL (*Structured Query Language*, Linguagem de Consulta Estruturada) ou *Extensible Markup Language* (XML). Ambos os ataques de injeção de XML e SQL exploram as vulnerabilidades no programa, como a não validação correta de consultas de banco de dados.

4.3.4 Injeção de XML

Ao usar um banco de dados XML, uma injeção de XML é um ataque que pode corromper os dados. Depois que o usuário dá a entrada, o sistema acessa os dados necessários através de uma consulta.

O problema ocorre quando o sistema não examina corretamente a solicitação de entrada fornecida pelo usuário. Os criminosos podem manipular a consulta, programando para atender às necessidades dos criminosos e acessar as informações no banco de dados.

Todos os dados confidenciais armazenados no banco de dados são acessíveis para os criminosos e eles podem efetuar quantas alterações desejarem no site. Dessa forma, um ataque de injeção XML representa uma ameaça à segurança do site.

4.3.5 Injeção de SQL

O criminoso virtual explora uma vulnerabilidade, inserindo uma instrução SQL mal-intencionada em um campo de entrada. Mais uma vez, o sistema não filtra a entrada do usuário corretamente para os caracteres em uma instrução SQL. Os criminosos usam a injeção de SQL em sites ou qualquer banco de dados SQL.

As falhas de injeção, em banco de dados como SQL, OS e LDAP, ocorrem quando dados não confiáveis são enviados para um intérprete como parte de um comando ou consulta.

Os criminosos podem falsificar uma identidade, modificar os dados existentes, destruir os dados ou se tornar os administradores do servidor do banco de dados.

4.3.6 Buffer Overflow

Um *buffer overflow* ocorre quando os dados ultrapassam os limites de um *buffer*. Os buffers são áreas de memórias alocadas a um aplicativo. Ao alterar os dados além dos limites de um *buffer*, o aplicativo acessa a memória alocada a outros processos. Isso pode levar à queda do sistema, comprometimento de dados ou fornecer o escalonamento de privilégios.

Segundo estudo do CERT/CC na Carnegie Mellon University, quase metade de todos os *exploits* de programas de computador é historicamente originada de alguma forma de saturação do *buffer*. A classificação genérica de *buffer overflow* inclui muitas variantes, como as saturações de *buffer* estático, erros de indexação, erros de *string* de formatação, incompatibilidades de tamanho de *buffer* de Unicode e ANSI e saturação de pilha.

4.3.7 Execuções de código remoto

As vulnerabilidades permitem que criminosos virtuais executem códigos maliciosos e assumam o controle de um sistema com os privilégios do usuário que opera o aplicativo. A execução de código de forma remota permite que o criminoso execute qualquer comando em uma máquina de destino.

Um exemplo é a ferramenta Metasploit, utilizada para o desenvolvimento e execução do código de *exploit* contra uma vítima remota. Meterpreter é um módulo de *exploit* dentro do Metasploit que oferece recursos avançados. O Meterpreter possibilita que os criminosos gravem suas próprias extensões como um objeto compartilhado. Os criminosos carregam e injetam esses arquivos em um processo em execução no alvo.

O Meterpreter carrega e executa todas as extensões na memória, portanto, nunca envolvem o disco rígido. Com essa operação, esses arquivos não são detectados pelo antivírus. O Meterpreter tem um módulo para controlar a *webcam* do sistema remoto. Ao instalar o Meterpreter no sistema da vítima, o criminoso pode exibir e capturar imagens da *webcam* da vítima.

4.3.8 Controles ActiveX e Java

Ao navegar na Web, algumas páginas podem não funcionar corretamente, a menos que o usuário instale um controle ActiveX. Os controles ActiveX oferecem um recurso de *plugin* para o Internet Explorer. Os controles ActiveX são partes de software instalados pelos usuários para fornecer recursos estendidos. Terceiros escrevem alguns controles ActiveX e, portanto, podem ser mal-intencionados. Eles podem monitorar os hábitos de navegação, instalar *malware* ou registrar toques de tela. Os controles ActiveX também funcionam em outros aplicativos da Microsoft.

O Java opera por meio de um intérprete, máquina virtual Java ou *Java Virtual Machine* (JVM). O JVM ativa a funcionalidade do programa Java. O JVM coloca em *sandboxes* ou isola o código não confiável do restante do sistema operacional. Essas são vulnerabilidades, que permitem ao código não confiável ignorar as restrições impostas pelo *sandbox*. Também existem vulnerabilidades na biblioteca de classe do Java, que um aplicativo usa para sua segurança. Java é a segunda maior vulnerabilidade de segurança, juntamente com o *plugin* do Flash da Adobe.

4.4 QUANTIDADE DE INCIDENTES DE SEGURANÇA NO BRASIL

O CERT.br é o Grupo de Resposta a Incidentes de Segurança para a Internet no Brasil, mantido pelo **NIC.br**, do **Comitê Gestor da Internet no Brasil**. Este grupo é o responsável por tratar incidentes de segurança em computadores que envolvam redes conectadas à Internet no Brasil. No site da CERT.br estão disponíveis diversas estatísticas relacionados à segurança da Internet no Brasil como o total de incidentes reportados por ano, apresentado na Figura a seguir.

Figura 25 – Total de Incidentes reportados ao CERT.BR por ano

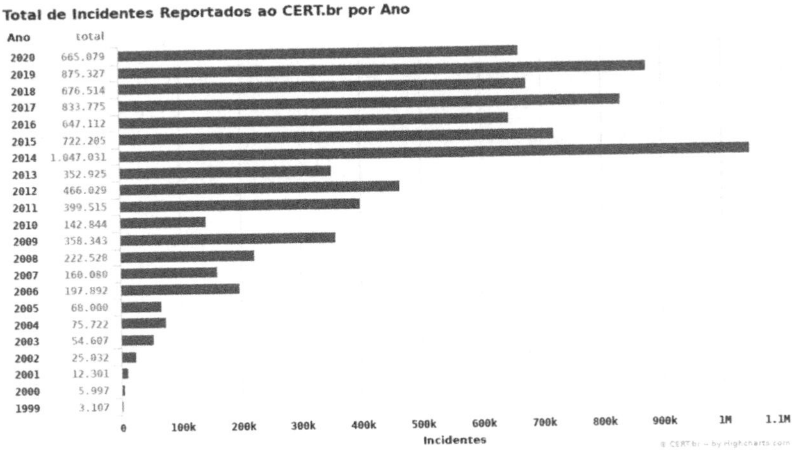
Total de Incidentes Reportados ao CERT.br por Ano
Ano
total
2020 665.079
2019 875.327
2018 676.514
2017 833.775
2016 647.112
2015 722.205
2014 1.047.031
2013 352.925
2012 466.029
2011 399.515
2010 142.844
2009 358.343
2008 222.528
2007 160.080
2006 197.892
2005 68.000
2004 75.722
2003 54.607
2002 25.032
2001 12.301
2000 5.997
1999 3.107
0
100k
200k
300k
400k
500k
600k
700k
800k
900k
1M
1.1M
Incidentes

Fonte: https://www.cert.br/stats/incidentes/. Acessado em: 01 mar. 2022.

Um ponto de atenção é que a quantidade medida é somente de ataques reportados, pois nem todos os incidentes ocorridos no Brasil são reportados ao CERT.br.

Em 2020, a distribuição dos ataques reportados ao CERT.br é apresentada no gráfico a seguir.

Figura 26 – Distribuição de Incidentes reportados ao CERT.BR em 2020

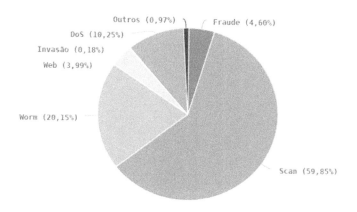

Fonte: https://www.cert.br/stats/incidentes/. Acessado em: 07 mai. 2022.

O CERT.br utilizou a seguinte classificação para ataques para o gráfico:

- **Worm**: Notificações de atividades maliciosas com o processo automatizado de propagação pela rede.
- **Negação de serviço** ou *Denial of Service* (DoS): notificações de ataques de negação de serviço, sejam de um ou múltiplos ataques, no caso de Negação de Serviço Distribuída.
- **Invasão**: um ataque bem-sucedido cujo resultado é o acesso não autorizado a uma rede ou computador.
- **Web**: Ataque específico de comprometimento de servidores Web ou desfigurações de páginas (*defacement*) na Internet.
- **Scan**: Notificações de varreduras em redes de computadores, com o objetivo de identificações dos *hosts* ativos e quais serviços estão disponíveis por eles.
- **Fraude**: Notificações de tentativas de fraudes, isto é, de incidentes em que ocorre uma tentativa de obter vantagem indevida.

- **Outros**: notificações de incidentes que não classificados nas categorias anteriores.

5. EQUIPAMENTOS E TÉCNICAS PARA SEGURANÇA DE REDE

Neste capítulo, serão apresentadas ferramentas utilizadas para segurança, tanto baseadas em software, sistemas operacionais, como em hardware como em tecnologias de rede.

5.1 DOMÍNIOS DE SEGURANÇA DE REDE

Existem diversas razões para a necessidade de segurança na rede. Os domínios de segurança de rede fornecem uma estrutura para discutir a segurança da rede e compreender as necessidades operacionais que devem ser abordadas por cada empresa.

Existem 14 domínios de segurança de rede especificados pela *International Organization for Standardization* (ISO) e *International Electrotechnical Commission* (IEC). Descritos pela ISO/IEC 27001, esses 14 domínios servem para organizar, em alto nível, o vasto reino de informações e atividades sob o guarda-chuva da segurança da rede.

Os 14 domínios têm como objetivo servir como uma base comum para o desenvolvimento de padrões de segurança organizacional e práticas eficazes de gerenciamento de segurança. Também ajudam a facilitar a comunicação entre as empresas.

Estes 14 domínios fornecem uma separação conveniente dos elementos de segurança da rede. Na norma ISO 27001, estes são conhecidos como os 14 conjuntos de controle do Anexo A. Eles servirão como uma referência útil no trabalho de profissionais de segurança de rede. A tabela a seguir fornece uma breve descrição de cada domínio.

Tabela 6 – Domínios de Segurança de Rede

Domínio de Segurança de Rede	Descrição
Políticas de Segurança da Informação	Este anexo foi concebido para garantir que as políticas de segurança sejam criadas, revisadas e mantidas.
Organização da segurança da informação	Este é o modelo de governança estabelecido por uma empresa para a segurança da informação. Ele atribui responsabilidades para tarefas de segurança da informação dentro de uma organização.
Segurança de recursos humanos	Isso aborda as responsabilidades de segurança relacionadas a funcionários ingressando, movendo-se dentro e deixando uma organização.
Gerenciamento de ativos	Isso diz respeito à maneira como as organizações criam um inventário e esquema de classificação para ativos de informação.
Controle de acesso	Descreve a restrição dos direitos de acesso às redes, sistemas, aplicativos, funções e dados.
Criptografia	Isso diz respeito à criptografia de dados e ao gerenciamento de informações confidenciais para proteger a confidencialidade, a integridade e a disponibilidade dos dados.
Segurança física e ambiental	Isso descreve a proteção das instalações e equipamentos de computadores físicos dentro de uma organização.
Segurança de Operações	Isso descreve o gerenciamento de controles técnicos de segurança em sistemas e redes, incluindo defesas de *malware*, backup de dados, registro e monitoramento, gerenciamento de vulnerabilidades e considerações de auditoria. Este domínio também está preocupado com a integridade do software que é usado em operações comerciais.
Segurança de Comunicações	Isso diz respeito à segurança dos dados, uma vez que são comunicados em redes, tanto dentro de uma organização como entre organização e terceiros, como clientes ou fornecedores.
Aquisição, Desenvolvimento e Manutenção do Sistema	Isso garante que a segurança das informações permaneça uma preocupação central nos processos de uma organização em todo o ciclo de vida, tanto em redes privadas quanto públicas.

Domínio de Segurança de Rede	Descrição
Relacionamentos com fornecedores	Esta relacionada à especificação de acordos contratuais que protegem os ativos de informação e tecnologia de uma organização que são acessíveis por terceiros que fornecem suprimentos e serviços à organização.
Gerenciamento de incidentes de segurança da informação	Descreve como antecipar e responder a violações de segurança da informação.
Gerenciamento de continuidade de negócios	Descreve a proteção, manutenção e recuperação de sistemas e processos essenciais para os negócios.
Conformidade	Descreve o processo de assegurar a conformidade com as políticas, normas e regulamentos de segurança da informação.

Fonte: (CISCO, 2021)

5.2 ABORDAGEM DE SEGURANÇA *ZERO TRUST*

A abordagem *Zero Trust* ou Confiança Zero é aplicada para proteger todo o acesso em redes, ambientes e aplicações. Segundo Cisco (2020), O princípio de uma abordagem de confiança zero é: "Nunca confie, sempre verifique".

Essa abordagem contribui para proteger o acesso de usuários, dispositivos de usuário final, Interfaces de aplicações (APIs), dispositivos de Internet das Coisas ou *Internet of Things* (IoT), microsserviços, contêineres, entre outros. Ele protege a força de trabalho, as cargas de trabalho e o local de trabalho de uma organização.

Uma estrutura de segurança de confiança zero auxilia no impedimento de acesso não autorizado, restringir violações e reduzir o risco de movimentação lateral de um invasor através de uma rede.

De acordo com MORAES (2021), a rede Zero Trust é composta por um provedor de identidade, ou seja, um sistema de gestão de identidades que permita rastrear e prover autenticação de forma contínua, um serviço de diretório que controle uma lista de dispositivos que possuem acesso aos recursos em conjunto com o tipo de dispositivo.

Além disso, esta rede é possui um controle ativo de verificação da política. Caso um usuário estiver em desconformidade com a política adotada, o seu acesso pode ser negado. Na figura a seguir temos os componentes básicos de um modelo de rede baseado em uma nuvem Zero Trust.

Figura 27 – Nuvem Zero Trust

Fonte: (MORAES, 2021)

Em uma abordagem de confiança zero, qualquer local em que uma decisão de controle de acesso seja necessária deve ser considerado um perímetro, diferentemente da abordagem tradicional, na qual o perímetro da rede, ou borda, é o limite entre o interior da rede, considerado confiável, e o exterior da rede, não confiável.

Mesmo que um usuário tenha passado com sucesso por controle de acesso anterior, esse cliente pode ser não confiável para acessar outra área ou recurso até que sejam autenticados. Buscando prover mais segurança, os usuários podem ser obrigados a autenticar diversas vezes e de utilizando técnicas de autenticação diferentes, para obter acesso a diferentes camadas da rede.

Os três pilares da confiança zero são força de trabalho, cargas de trabalho e local de trabalho. O pilar de força de trabalho é composto pelas pessoas que acessam os aplicativos de trabalho, como funcionários, parceiros, fornecedores e prestadores de serviço, por meio de dispositivos gerenciados pelas empresas ou dispositivos pessoais. Apenas os usuários autorizados e dispositivos seguros podem acessar aplicativos, independentemente da localização.

Para o pilar Cargas de Trabalho, são considerados os aplicativos que estão sendo executados na nuvem, em *data centers* e outros ambientes virtualizados com interação entre eles.

Por fim, o pilar Local de trabalho se concentra no acesso seguro para todo e qualquer dispositivos da rede, inclusive na Internet das Coisas (IoT) e redes de sensores sem fio. São compostos pelos dispositivos que se conectam a redes empresariais, como terminais de usuário, servidores físicos e virtuais, impressoras, câmeras, quiosques, bombas de infusão, sistemas de controle industrial e entre outros.

5.3   PROTEÇÃO DA INFRAESTRUTURA DE REDE

A proteção da infraestrutura de rede é fundamental para a segurança geral da rede. A infraestrutura de rede inclui roteadores, *switches*, servidores, *endpoints* e outros dispositivos.

Pense no seguinte cenário: um funcionário insatisfeito observando casualmente sobre o ombro de um administrador de rede enquanto o administrador estiver fazendo *login* em um roteador de borda. É uma maneira surpreendentemente fácil de um atacante obter acesso não autorizado.

Existem diversas estratégias que podem ser adotadas visando proteger os ativos de TI contra as ameaças internas ou externas dentro de uma rede corporativa. Infelizmente, não há um método único para proteção com sucesso contra todos os tipos de ameaça.

Caso um invasor obtenha acesso a um roteador, a segurança e o gerenciamento de toda a rede podem ser comprometidos. Por exemplo, um invasor pode apagar a configuração de inicialização e fazer o roteador recarregar em cinco minutos. Quando o roteador reinicializa, ele não terá uma configuração de inicialização.

Para evitar o acesso não autorizado a todos os dispositivos de infraestrutura, políticas e controles de segurança adequados devem ser implementados. Os roteadores são o principal alvo de ataques porque esses dispositivos atuam como policiais de trânsito, que direcionam o tráfego para dentro, para fora e entre as redes.

O roteador de borda mostrado a seguir é o último roteador entre a rede interna, considerada confiável, e uma rede não confiável, como a Internet. Todo o tráfego de internet de uma organização passa por um roteador de borda, que geralmente funciona como a primeira e última linha de defesa para uma rede. O roteador de borda ou *border router* ajuda a proteger o perímetro de uma rede protegida e implementa ações de segurança baseadas nas políticas de segurança da organização. Por estas razões, a proteção dos roteadores de rede é fundamental.

Figura 28 – Roteador de Borda

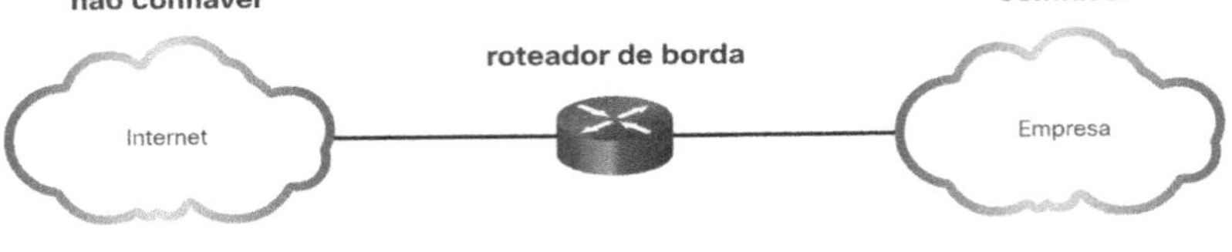

Fonte: (CISCO, 2021)

5.3.1 Abordagem de roteador único

Um único roteador conecta a rede protegida ou a rede local interna (LAN), à Internet. Todas as políticas de segurança são configuradas neste dispositivo. Isso é mais comumente implantado em implementações de sites menores, como filiais e pequenos escritórios, escritórios domésticos (SOHO). Em redes menores, os recursos de segurança necessários podem ser suportados por ISRs (*Integrated Services Routers*) sem impedir as capacidades de desempenho do roteador.

Roteador de borda consiste no último *gateway* que conecta a rede corporativa à Internet. Às vezes, esse roteador não é utilizado para funções de segurança, pois normalmente pertence aos provedores de serviços e não à empresa. Adicionalmente, a configuração desse roteador é realizada via linha de comandos, o que inibe a utilização por parte de alguns administradores de rede.

5.3.2 Abordagem de defesa em profundidade

A abordagem de defesa em profundidade é mais segura do que a abordagem de roteador único. Ele usa várias camadas de segurança antes do tráfego que entra na LAN protegida. Neste contexto, uma das estratégias de proteção mais eficaz e eficiente é a Defesa em Profundidade ou *Defense in Depth (DiD)*.

De acordo com (JACOMO, 2021), a estratégia Defesa em Profundidade se baseia na aplicação de uma série de medidas defensivas em redundância e em camadas com a finalidade de implementar políticas, controles e ferramentas tecnológicas. Essa abordagem também é conhecida como Segurança em Camadas e resulta no aumento da segurança de uma infraestrutura de TI como um todo abordando múltiplos vetores de ataques.

O princípio dessa estratégia é: Se um mecanismo de segurança falhar, outro dispositivo de segurança será acionado de forma imediata para evitar que o ataque prossiga. Dessa forma, a Defesa em Profundidade abrange sistemas paralelos de contramedida técnica, físicas e administrativas que trabalham de forma integrada, mas não permitem intencionalmente o controle de um invasor.

Em função da sofisticação crescente dos ataques cibernéticos, as empresas não podem confiar a segurança de suas informações a um único produto ou solução para sua proteção. A defesa em profundidade deve ser aplicada a todos os ativos de TI.

Existem duas analogias comuns que são usadas para descrever uma abordagem de defesa em profundidade (CISCO, 2021):

- Cebola de segurança ou *Security Onion*;
- Alcachofra de segurança ou *Security Artichoke*.

Uma analogia comum usada para descrever uma abordagem de defesa em profundidade é chamada de "cebola de segurança". Como ilustrado na figura, um ator de ameaça teria que descascar as defesas de uma rede camada por camada de uma maneira semelhante a descascar uma cebola. Somente depois de penetrar cada camada, o ator da ameaça alcançaria os dados ou o sistema de destino.

Figura 29 – **Cebola da Segurança ou** *Security Onion*

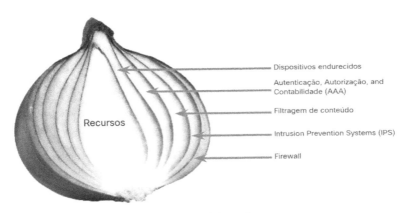

Fonte: (CISCO, 2021)

A figura de cebola de segurança mostra uma cebola com várias camadas dentro dela. A cebola é rotulada como ativos. Segundo esta analogia, um invasor só consegue acesso à próxima camada de segurança, se tiver invadido a camada de segurança anterior. À direita da Figura estão palavras e setas apontando para as diferentes camadas: autenticação, autorização e contabilidade (AAA), endurecimento de roteador ou dispositivos endurecidos, filtragem de conteúdo, sistemas de prevenção de intrusões (IPS) e *firewall*, que representam as diversas camadas de segurança.

O cenário em mudança da rede, como a evolução das redes sem fronteiras, mudou essa analogia para a "alcachofra de segurança" ou *security artichoke*, que beneficia o ator de ameaça. Nesse enfoque, os atores da ameaça não precisam mais descascar cada camada. Eles só precisam remover certas "folhas de alcachofra". O bônus é que cada "folha" da rede pode revelar dados confidenciais que não estão bem protegidos.

Por exemplo, é mais fácil para um agente de ameaça comprometer um dispositivo móvel do que comprometer um computador ou servidor interno protegido por camadas de defesa. Cada dispositivo móvel é uma folha. E folha após folha, tudo leva o *hacker* a mais dados. O coração da alcachofra é onde os dados mais confidenciais são encontrados. Cada folha fornece uma camada de proteção enquanto fornece simultaneamente um caminho para o ataque.

Nem todas as folhas precisam ser removidas para chegar ao coração da alcachofra. O *hacker* arranca a armadura de segurança ao longo do perímetro para chegar ao "coração" da empresa. A figura a seguir ilustra a analogia da Alcachofra de Segurança.

Figura 30 – Alcachofra da Segurança ou *Security Artichoke*

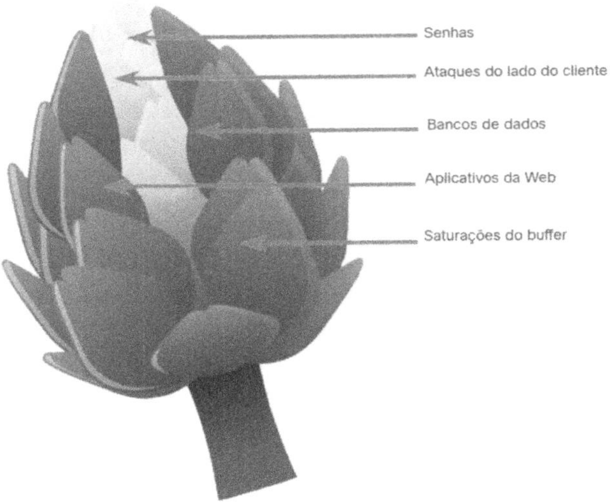

Senhas

Ataques do lado do cliente

Bancos de dados

Aplicativos da Web

Saturações do buffer

Fonte: (CISCO, 2021)

Enquanto os sistemas voltados para a Internet são geralmente muito bem protegidos e as proteções de limites são tipicamente sólidos, *hackers* persistentes, auxiliados por uma mistura de habilidade e sorte, eventualmente encontram uma vulnerabilidade nesse exterior *hard-core* através do qual eles podem entrar em um sistema e acessar o que quiserem.

Por exemplo, podemos projetar uma rede com três camadas primárias de defesa: o roteador de borda, o *firewall* e um roteador interno que se conecte à LAN protegida. O roteador de borda atua como a primeira linha de defesa e é conhecido como roteador de triagem. Depois de executar a filtragem de tráfego inicial, o roteador de borda passa todas as conexões que são pretendidas para a LAN interna para a segunda linha de defesa, que é o *firewall*.

O *firewall* normalmente recebe os dados de saída do roteador de borda e executa filtragem adicional. Ele fornece controle de acesso adicional, rastreando o estado das conexões e atua como um dispositivo de ponto de verificação. Por padrão, o *firewall* nega o início de conexões das redes externas (não confiáveis) para a rede interna (confiável). Entretanto, permite que os usuários internos estabeleçam conexões às redes não confiáveis e permite que as respostas voltem através do *firewall*. Adicionalmente, o *firewall* pode executar a autenticação do usuário (*proxy* de autenticação) em que os usuários devem ser autenticados para obter acesso a recursos de rede.

Existem outros equipamentos de segurança que podem ser utilizados na estratégia de Defesa em Profundidade, como sistemas de prevenção de intrusões (IPSs), sistemas de detecção de intrusões (IDSs), dispositivos de segurança da Web (servidores *proxy*) e dispositivos de segurança de e-mail (filtragem de *spam*) também podem ser implementadas.

5.3.3   Abordagem Zona Desmilitarizada (DMZ)

Uma variação da abordagem de defesa em profundidade é apresentada na figura a seguir. Esta abordagem inclui uma área intermediária, denominada zona desmilitarizada (DMZ). Em seu significado original, uma zona desmilitarizada representa uma faixa territorial monitorada, na qual a utilização de equipamentos militares é proibida.

Caso uma máquina da rede desmilitarizada tenha a segurança comprometida, haverá um tempo para que a equipe de segurança de uma empresa detecte o incidente e responda de forma adequada, antes que ativos internos sejam atingidos. Para os ativos internos é necessário um maior esforço para proteção da segurança. Dessa forma, as máquinas em regiões de DMZ são monitoradas com total atenção.

A DMZ pode ser usada para servidores que devem ser acessíveis a partir da Internet ou de alguma outra rede externa. A DMZ pode ser configurada entre dois roteadores, com um roteador interno conectando à rede protegida e um roteador externo que conecta à rede desprotegida.

Figura 31 – Abordagem DMZ

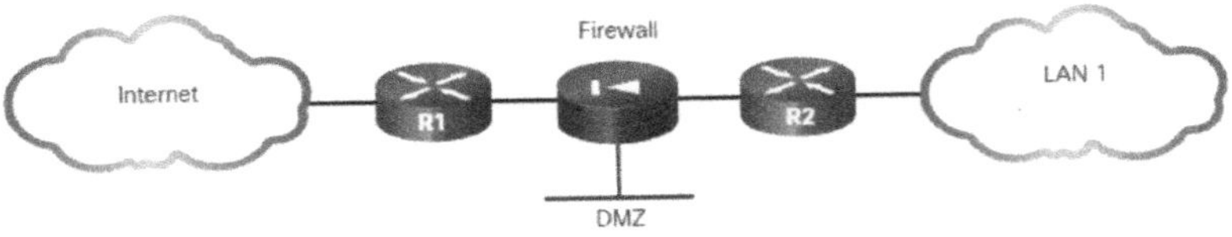

Fonte: (CISCO, 2021)

Alternativamente, a DMZ pode simplesmente ser uma porta adicional fora de um único roteador. O *firewall* está localizado entre as redes protegidas e desprotegidas. O *firewall* é configurado para permitir as conexões necessárias, como HTTP, das redes externas (não confiáveis) aos servidores públicos na DMZ. O *firewall* serve como a proteção primária para todos os dispositivos na DMZ.

5.4   PROTEÇÃO DO ROTEADOR DE BORDA

A Proteção do roteador de borda é um primeiro passo crítico para tornar a rede mais segura. Se houver outros roteadores internos, eles também devem ser configurados adequadamente do ponto de vista da segurança. Três áreas de segurança do roteador devem ser mantidas: Segurança Física, software de sistema operacional e endurecimento ou *hardening* do roteador.

Analisando a Segurança Física, o roteador e os dispositivos físicos que se conectam a ele devem ser colocados em uma sala trancada que é acessível apenas ao pessoal autorizado, está livre de interferência eletrostática ou magnética, tem supressão de fogo e possui controles de temperatura e umidade.

Deve ser instalada uma fonte de alimentação ininterrupta (UPS), mais conhecida como *nobreak*, ou gerador de energia de backup a diesel. É recomendável a utilização de fontes de alimentação redundantes em dispositivos de rede, se possível. Com isso, há uma redução na probabilidade de uma falha de rede de perda de energia ou equipamentos de energia com falha.

Em relação ao sistema operacional, existem alguns procedimentos envolvidos em proteger os recursos e o desempenho dos sistemas operacionais de roteador. Os roteadores devem ser equipados com a máxima quantidade de memória possível, pois irá suportar mais serviços de segurança e reduzir os riscos de alguns ataques de negação de serviço (DoS).

O sistema operacional do roteador deve estar atualizado com a versão mais recente e estável que atenda às especificações de recurso do roteador ou dispositivo de rede. Dado que os recursos de segurança e criptografia em um sistema operacional são aprimorados e atualizados ao longo do tempo, estar com a versão atualizada do sistema operacional é fundamental. Adicionalmente, deve-se manter uma cópia segura das imagens do sistema operacional do roteador e dos arquivos de configuração do roteador como backups.

O processo de endurecimento ou *hardening* do roteador consiste na configuração do equipamento instalando as ferramentas de segurança necessárias para lidar com um ataque.

A desativação de portas e interfaces não utilizadas e de serviços padrão desnecessários é uma prática recomendável. Alguns dos serviços de rede são desnecessários e podem ser usados por um invasor para reunir informações sobre o roteador e a rede. Esta informação pode ser usada em um futuro ataque de exploração.

Adicionalmente, a segurança do acesso administrativo do roteador é uma tarefa fundamental para a proteção da rede. Caso uma pessoa não autorizada obtiver acesso administrativo a um roteador, essa pessoa poderá alterar parâmetros de roteamento, desabilitar funções de roteamento ou descobrir e obter acesso a outros sistemas dentro da rede.

De forma análoga a computadores, um roteador tem serviços que são ativados por um roteador pode ser acessado para fins administrativos local ou remotamente:

- **Acesso local** – Todos os dispositivos de infraestrutura de rede podem ser acessados localmente. O acesso local a um roteador geralmente requer uma conexão direta a uma porta de console no roteador e usando um computador que esteja executando o software de emulação de terminal. O administrador deve ter acesso físico ao roteador e usar um cabo de console para se conectar à porta de console. O acesso local é usado tipicamente para a configuração inicial do dispositivo.
- **Acesso remoto** – Os administradores também podem acessar dispositivos de infraestrutura remotamente. Embora a opção de porta auxiliar esteja disponível, o método de acesso remoto mais comum envolve permitir conexões Telnet, SSH, HTTP, HTTPS ou SNMP ao roteador a partir de um computador. O computador pode estar na rede local ou em uma rede remota.

5.5 DISPOSITIVOS DE SEGURANÇA: FIREWALL

Em edificações, uma parede corta-fogo (*firewall*) é a porta de separação entre o hall de um prédio e a saída de incêndio. Sua função dessa parede é impedir o alastramento de incêndios pelas dependências de uma edificação, garantindo assim a segurança para os moradores ou frequentadores do prédio.

Em redes de computador, um *firewall* controla ou filtra quais comunicações podem entrar ou sair de um dispositivo ou uma rede. Um *firewall* é um dos equipamentos de segurança disponíveis mais eficazes na proteção dos usuários contra ameaças externas e os primeiros *firewalls* foram implementados no final da década de 1980.

Segundo Nakamura e Geus (2007), o *firewall* pode ser entendido como um ponto entre duas ou mais redes, que pode ser composto por um componente único ou por um conjunto de componentes, pelo qual deve passar todo o tráfego, permitindo que o controle, a autenticação e os registros de tráfego sejam realizados. A Figura a seguir mostra a representação de um *firewall*.

Figura 32 – Representação de um *Firewall*

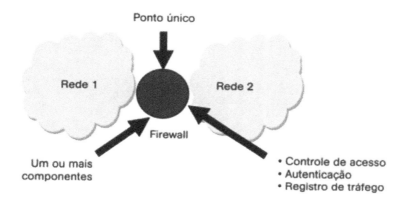

Fonte: (NAKAMURA; GEUS, 2007, p. 207)

O *firewall* é um conjunto de hardware e software que possibilita a criação de regras quanto ao tipo de serviço e tráfego que são permitidos nas redes onde ele está conectado. Dessa forma, o *firewall* aplica uma política de controle de acesso entre redes.

Um *firewall* pode ser instalado em um único computador com o objetivo de protegê-lo (*firewall* baseado em *host*), ou pode ser um dispositivo de rede autônomo que protege uma rede de computadores e todos os dispositivos hospedados na rede (*firewall* pela rede).

Assim, esse ponto único constitui um instrumento utilizado geralmente para proteção de uma rede confiável em relação a uma rede pública não confiável, como mostrado na Figura a seguir.

Figura 33 – **Necessidade de** *firewall* **nas conexões com a Internet**

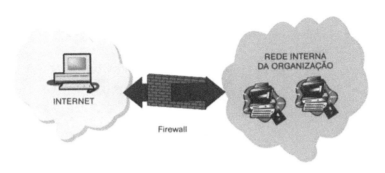

Fonte: (NAKAMURA; GEUS, 2007, p. 374)

As regras de filtragem dos roteadores, conhecidas também como listas de controle de acesso ou, em inglês *Access Control List* (ACL), tinham como base decisões do tipo "permitir" ou "descartar" os pacotes, que eram tomadas de acordo com a origem, o destino e o tipo das conexões (NAKAMURA; GEUS, 2007).

Os *firewalls* de rede estão localizados entre duas ou mais redes, e controlam o tráfego entre elas, além de ajudar a evitar o acesso não autorizado. *Firewalls* baseados em *hosts* ou *firewalls* pessoais são instalados nos sistemas finais. Dentro dos *firewalls* disponíveis, existem várias técnicas para determinar a permissão ou negação do acesso à rede, tais como filtragem de pacotes, filtragem de aplicações, filtragem de URL e Análise de Pacotes Stateful (SPI).

A **Filtragem de pacotes** impede ou permite o acesso com base em endereços IP ou MAC. Já a **Filtragem de aplicações** impede ou permite o acesso de determinados tipos de aplicação com base nos números das portas. Na **Filtragem de URL**, ocorre a permissão ou impedimento do acesso a sites com base em URLs específicas ou palavras-chave. Por fim, na **Análise de Pacotes Stateful (SPI)**, Os pacotes de entrada devem ser respostas legítimas às solicitações de *hosts* internos. Os pacotes não solicitados são bloqueados, a menos que especificamente permitidos. O SPI também pode incluir o recurso de reconhecer e filtrar tipos específicos de ataques, como negação de serviço (DoS).

Os produtos de *firewall* comerciais podem oferecer suporte a um ou mais desses recursos de filtragem. Os produtos de *firewall* vêm embalados em vários formatos.

O *firewall* pode ser utilizado também para separar diferentes sub-redes, grupos de trabalho ou LANs dentro de uma organização. A proteção de perímetro é então realizada pelos *firewalls*, que fazem o controle das conexões para os diferentes segmentos de rede. Os conceitos de segmentação de rede e de proteção de perímetros estão relacionados diretamente com os *firewalls*.

Ao longo dos anos, à medida que os ataques à rede e aos computadores tornaram-se mais sofisticados, novos tipos de *firewalls* foram desenvolvidos para propósitos diferentes na proteção de uma rede.

Os próprios sistemas operacionais já implementam solução de *firewall* por software. A Figura a seguir apresenta a tela do aplicativo de segurança Windows Defender Firewall com Segurança Avançada em Computador Local. Este software oferece proteção contra *malware*, proteção da Web, proteção contra *phishing* e notificações de segurança, como instalação de programas inseguros ou visita a sites não confiáveis.

CIBERSEGURANÇA

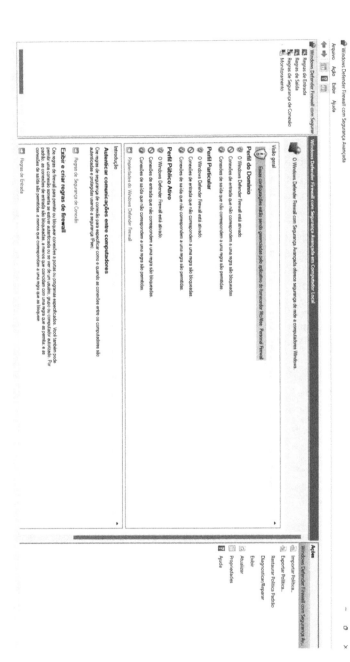

Figura 34 – Tela do Windows Firewall

Fonte: Captura de tela do autor

Existem algumas propriedades que são comuns a todos os *firewalls*. Os *firewalls* são resistentes a ataques de rede, aplicam a política de controle de acesso e são os únicos pontos de trânsito entre redes corporativas internas e redes externas porque todo o tráfego flui através do *firewall*.

Existem vários benefícios do uso de um *firewall* em uma rede como impedir a exposição de *hosts*, recursos e aplicações sensíveis a usuários não confiáveis, pois o *firewall* bloqueia o recebimento de dados maliciosos em servidores e usuários da rede. Outra vantagem do *firewall* é a redução da complexidade do gerenciamento de segurança descarregando a maior parte do controle de acesso à rede para alguns *firewalls* na rede. Adicionalmente, eles sanitizam o fluxo do protocolo, o que impede a exploração de falhas no protocolo.

Por outro lado, os *firewalls* também possuem algumas limitações. Dados de diversas aplicações são transmitidos por *firewalls* com segurança. Como existe um processamento de informação no *firewall*, é inserido um atraso por causa desse dispositivo e o desempenho da rede pode diminuir, dependendo da sobrecarga no *firewall*. O *firewall* não impede o tráfego não autorizado que esteja encapsulado ou escondido como tráfego legítimo através dele.

Outro problema está ligado ao comportamento do usuário da rede. Caso o envio de arquivo seja bloqueado, o usuário pode procurar maneiras de contornar esse *firewall*, expondo a rede a potenciais ataques.

Por fim, é importante configurar o equipamento corretamente, pois um *firewall* mal configurado pode levar a sérias consequências para a rede, como se tornar um único ponto de falha.

5.5.1   Tipos de Firewalls

É importante entender os diferentes tipos de *firewalls* e suas capacidades específicas para que o firewall correto seja usado para cada situação. Os principais tipos de *firewall* são:

- *Firewall* de filtragem de pacotes (sem estado);
- *Firewall* com monitoração de estado;
- *Firewall* de *gateway* de aplicativo;
- *Firewall* de última geração.

Os *firewalls* de filtragem de pacotes geralmente fazem parte de um *firewall* de roteador, que permite ou nega tráfego com base nas informações da Camada 3 e da Camada 4. Eles são *firewalls* sem estado que usam uma simples pesquisa de tabela de políticas que filtra o tráfego com base em critérios específicos.

Por exemplo, os servidores SMTP escutam a porta 25 por padrão. Um administrador pode configurar o *firewall* de filtragem de pacotes para bloquear a porta 25 de uma estação de trabalho específica para impedir que ele transmita um vírus de e-mail.

Os filtros de pacotes são sem estado. Eles examinam cada pacote individualmente em vez de no contexto do estado de uma conexão. Existem diversas vantagens de usar um *firewall* de filtragem de pacotes, tais como:

- Os filtros de pacote implementam conjuntos de regras de permissão simples ou negam.
- Os filtros de pacotes têm um baixo impacto no desempenho da rede.
- Os filtros de pacotes são fáceis de implementar e são suportados pela maioria dos roteadores.
- Os filtros de pacote fornecem um grau inicial de segurança na camada de rede.
- Os filtros de pacotes executam quase todas as tarefas de um *firewall high-end* a um custo muito menor.

Entretanto os filtros de pacotes não representam uma solução de *firewall* completa, mas são elementos importantes de uma política de segurança de *firewall*. Existem várias desvantagens de usar um *firewall* de filtragem de pacotes:

- Os filtros de pacote de informação são suscetíveis à falsificação de IP. Os atores de ameaça podem enviar pacotes arbitrários que atendem aos critérios ACL e passam pelo filtro.

- Para pacotes fragmentados, a filtragem não é realizada de forma confiável. Como os pacotes IP fragmentados carregam o cabeçalho TCP no primeiro fragmento e filtro de filtros de pacote na informação de cabeçalho TCP, todos os fragmentos após o primeiro fragmento são passados incondicionalmente. As decisões de usar filtros de pacote supõem que o filtro do primeiro fragmento impõe com precisão a política.

- Os filtros de pacotes usam listas de controle de acesso (ACLs) complexas, que são de difícil implementação e manutenção.

- Os filtros de pacotes não podem filtrar dinamicamente determinados serviços. Por exemplo, as sessões que usam negociações de porta dinâmica são difíceis de filtrar sem abrir o acesso a toda uma variedade de portas.

Firewalls com estado são as tecnologias de *firewall* mais versáteis e mais comuns em uso. Os *firewalls stateful* fornecem filtragem de pacotes *stateful* usando informações de conexão mantidas em uma tabela de estado. Filtragem com estado é uma arquitetura de *firewall* classificada na camada de rede. Ele também analisa o tráfego na camada 4 da OSI e na camada 5. Existem vários benefícios em utilizar este tipo de *firewall* em uma rede:

- *Firewalls* com estado são frequentemente usados como um meio primário de defesa, filtrando tráfego indesejado ou desnecessário.

- *Firewalls* com estado fortalecem a filtragem de pacotes fornecendo um controle mais rigoroso sobre a segurança.

- *Firewalls* com estado melhoram o desempenho em relação aos filtros de pacotes ou servidores *proxy*.

- *Firewalls* com estado se defendem contra ataques de falsificação e DoS, determinando se os pacotes pertencem a uma conexão existente ou são de uma origem não autorizada.

- *Firewalls* com estado fornecem mais informações de *log* do que um *firewall* de filtragem de pacotes.

Por outro lado, os *firewalls* com estado também apresentam algumas limitações:

- *Firewalls* com estado não podem evitar ataques à camada de aplicativo porque não examinam o conteúdo real da conexão HTTP.
- Nem todos os protocolos são *stateful*. Por exemplo, o UDP e o ICMP não geram informações de conexão para uma tabela de estado e, portanto, não conseguem tanto suporte para filtragem.
- É difícil rastrear conexões que usam negociação de porta dinâmica. Algumas aplicações abrem várias conexões. Isso requer uma nova gama de portas que devem ser abertas para permitir esta segunda conexão.
- *Firewalls* com estado não suportam autenticação de usuário.

Um *firewall* de *gateway* de aplicação (*firewall proxy*) filtra as informações nas camadas 3, 4, 5 e 7 do modelo de referência OSI. A maior parte do controle e filtragem do *firewall* é implementada via software. Quando um cliente precisa acessar um servidor remoto, ele se conecta a um servidor *proxy*. O servidor *proxy* se conecta ao servidor remoto em nome do cliente. Portanto, o servidor enxerga somente uma conexão do servidor *proxy*.

Os *firewalls* de última geração (NGFW) expandem as funcionalidades dos *firewalls* de estado de modo a fornecer a prevenção de intrusão integrada, inserir técnicas para lidar com ameaças de segurança em evolução, reconhecer e controlar aplicações para bloquear aplicativos arriscados e formar caminhos de atualização para incluir futuros *feeds* de informações.

Além dos avanços da tecnologia e das funcionalidades inseridas nos *firewalls*, outros serviços da rede e de segurança passaram a ser incorporados. Alguns desses serviços são:

- Autenticação;
- *Gateway* de VPN;
- Análise e Filtragem de conteúdo;
- Antivírus;

- Balanceamento de carga ou *load balancing;*
- Filtragem de URL;
- Tradução de Endereços de Rede através do protocolo NAT;
- Filtragem de *spam.*

5.6 DISPOSITIVOS DE DETECÇÃO DE INTRUSÃO (IDS) E DE PREVENÇÃO DE INTRUSÃO (IPS)

Uma mudança de paradigma de arquitetura de rede é necessária para se defender contra ataques rápidos e em evolução. Isso deve incluir sistemas de prevenção e detecção de baixo custo, como sistemas de detecção de intrusão (IDS) ou os sistemas de prevenção de intrusão mais escalonáveis (IPS). A arquitetura de rede integra essas soluções nos pontos de entrada e saída da rede.

5.6.1 Funcionamento do IDS

Um componente essencial em um sistema de segurança de ambiente corporativo é o sistema de detecção de intrusão ou *Intrusion Detection System (IDS)*. Este componente é capaz de detectar diversos ataques e intrusões, auxilia na proteção do ambiente e sua localização é um dos pontos a serem definidos com cuidado.

Um sistema de detecção de intrusão funciona como uma câmera ou como um alarme na prevenção das intrusões, podendo realizar a detecção com base em algum tipo de conhecimento, como assinaturas de ataques, ou em desvios de comportamento.

São principais funções do IDS: coleta de informações de intrusão, análise das informações, armazenamento das informações e resposta a atividades suspeitas.

Após a tentativa de conexão, o *firewall* pode bloquear a conexão ou permitir essa conexão. Quando a conexão é permitida pelo *firewall*, o IDS analisa esse tráfego que pode ser legítimo ou suspeito. O tráfego legítimo é liberado, enquanto o tráfego suspeito é detectado, analisado e respondido. A Figura a seguir mostra a relação entre a IDS e *firewall*.

Figura 35 – Papéis de *firewall* e IDS

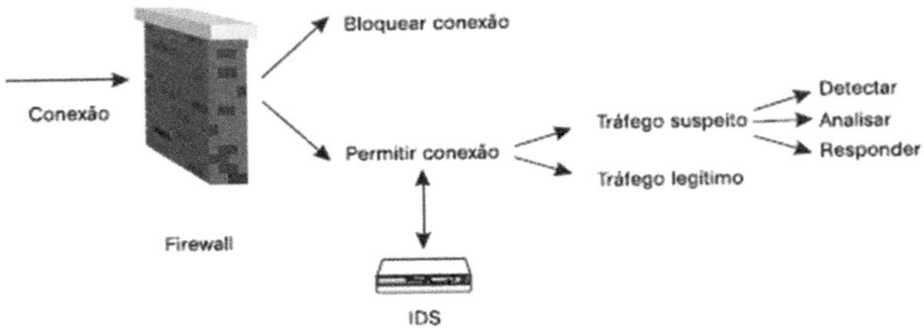

Fonte: (NAKAMURA & GEUS, 2007, p. 254)

Os Sistemas de detecção de invasão monitoram passivamente o tráfego em uma rede. A Figura a seguir que um dispositivo ativado para IDS copia o *stream* de tráfego e analisa a cópia do tráfego, no lugar dos pacotes reais encaminhados.

Figura 36 – Operação do IDS

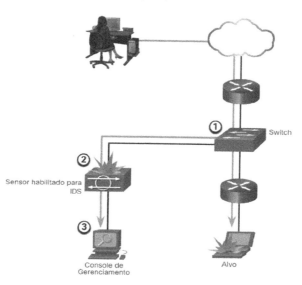

Fonte: (CISCO, 2021)

Como IDS trabalha *off-line*, ele compara o fluxo de tráfego capturado com assinaturas reconhecidamente mal-intencionadas, como um software que verifica a existência de vírus. Assim, os IDSs funcionam passivamente, o dispositivo IDS está posicionado fisicamente na rede para que o tráfego seja espelhado para alcançá-lo. Adicionalmente, o tráfego de rede não passa pelos IDSs, a menos que seja espelhado. Com isso, pouca latência é adicionada ao fluxo de tráfego de rede.

5.6.2 Funcionamento do IPS

É necessário alterar a arquitetura de rede para se defender contra ataques rápidos e em evolução. Isso deve incluir sistemas de prevenção e detecção de baixo custo, como sistemas de detecção de intrusão (IDS) ou os sistemas de prevenção de intrusão mais escalonáveis (IPS). A arquitetura de rede integra essas soluções nos pontos de entrada e saída da rede.

A figura a seguir mostra como um dispositivo IPS lida com tráfego malicioso. Na etapa 1, o trafego malicioso é enviado ao *host* de destino que está na rede. O tráfego é roteado para a rede e é recebido por um sensor habilitado para IPS, onde será bloqueado. Após o bloqueio, o sensor habilitado para IPS envia informações de registro sobre o tráfego para o console de gerenciamento de segurança da rede. Por fim, o sensor habilitado para IPS irá eliminar o tráfego pelo envio para a Lixeira de *bits*.

Figura 37 – Operação do IPS

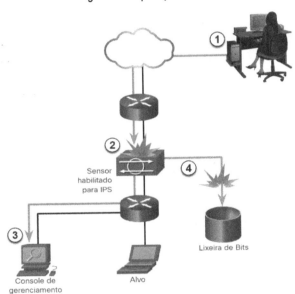

Fonte: (CISCO, 2021)

5.6.3 Comparativo entre IDS e IPS

As tecnologias IDS e IPS são implantadas como sensores. Um sensor IDS ou IPS pode estar na forma de vários dispositivos diferentes:

- Um roteador configurado com o software IPS.
- Um dispositivo projetado especificamente para fornecer serviços IDS ou IPS dedicados.
- Um módulo de rede instalado em um dispositivo de segurança adaptável (ASA), *switch* ou roteador.

As tecnologias IDS e IPS usam assinaturas para detectar padrões no tráfego da rede. Uma assinatura é um conjunto de regras que um IDS ou IPS usa para detectar atividades maliciosas. As assinaturas podem ser usadas para detectar violações graves de segurança, para detectar ataques de rede comuns e para coletar informações. As tecnologias IDS e IPS podem detectar padrões de assinatura atômica (pacote único) ou padrões de assinatura composta (pacote múltiplo).

Ao implementar IDS ou IPS, é importante estar familiarizado com os tipos de sistemas disponíveis, abordagens baseadas em *host* e em rede, o posicionamento desses sistemas, a função das categorias de assinatura e possíveis ações que um roteador pode executar quando um ataque é detectado. A tabela a seguir resume as vantagens e desvantagens de IDS e IPS.

Tabela 7 – Vantagens e desvantagens de IDS e IPS

Solução	Vantagens	Desvantagens
IDS	Nenhum impacto na rede (latência, *jitter*)	Ação de resposta não pode parar pacotes de gatilho
	Nenhum impacto da rede se houver falha do sensor	Ajuste correto necessário para ações de resposta
	Sem impacto na rede se houver sobrecarga do sensor	Mais vulnerável a técnicas de evasão de segurança de rede
IPS	Interrompe pacotes de gatilho	Problemas de sensor podem afetar o tráfego de rede
	Pode usar técnicas de normalização de fluxo	A sobrecarga do sensor afeta a rede
		Algum impacto na rede (latência, tremulação)

Fonte: (CISCO, 2021)

A implantação do IDS no modo *off-line* traz o benefício de não afetar o desempenho da rede. Especificamente, ele não introduz latência, variação ou outros problemas de fluxo de tráfego. Adicionalmente, IDSs não afetam a funcionalidade de rede se o sensor falhar, que impactará apenas na capacidade do IDS para analisar os dados.

Por outro lado, uma desvantagem de um IDS é a maior vulnerabilidade do IDS a técnicas de evasão de segurança de rede porque não está colocado em série com a rede. Um sensor IDS não pode parar o pacote de disparo e é menos útil na interrupção de vírus de e-mail e ataques automatizados, como *worms*.

Adicionalmente, o ajuste dos sensores IDS para atingir os níveis esperados de detecção de intrusão pode ser muito demorado. Os usuários que implantam ações de resposta do sensor IDS devem ter uma política de segurança bem projetada e uma boa compreensão operacional de suas implantações de IDS.

As vantagens de um IPS incluem:

- Um sensor IPS pode ser configurado para executar uma perda de pacotes para interromper o pacote de gatilho, os pacotes associados a uma conexão ou os pacotes de um endereço IP de origem.
- Como os sensores IPS estão em linha, eles podem usar a normalização de fluxo. Normalização de fluxo é uma técnica usada para reconstruir o fluxo de dados quando o ataque ocorre em vários segmentos de dados.

As desvantagens de um IPS incluem:

- Como ele é implantado em linha, erros, falhas e sobrecarregar o sensor IPS com muito tráfego podem ter um efeito negativo no desempenho da rede.
- Um sensor IPS pode afetar o desempenho da rede introduzindo latência e *jitter*, isto é, a variação da atraso na entrega de dados.
- Um sensor IPS deve ser dimensionado e implementado adequadamente para que aplicativos sensíveis ao tempo, como VoIP, não sejam afetados negativamente.

É possível implantar um IPS e um IDS na mesma rede. Usar uma dessas tecnologias não anula o uso da outra. Na verdade, as tecnologias IDS e IPS podem se complementar.

Por exemplo, um IDS pode ser implementado para validar a operação de IPS porque o IDS pode ser configurado para inspeção de pacotes mais profunda *off-line*. Isso permite que o IPS se concentre em menos, mas mais críticos padrões de tráfego em linha.

Decidir qual implementação usar se baseia nos objetivos de segurança da organização, conforme indicado em sua política de segurança de rede.

5.7 SERVIDOR PROXY

Um servidor *proxy* é responsável pela intermediação da comunicação entre um equipamento na rede segura com um equipamento em uma rede não confiável e externa. As conexões entre a rede interna com a rede externa serão estabelecidas exclusivamente pelo *proxy*, que irá monitorar e controla o tráfego.

A Figura a seguir apresenta o fluxo de comunicação do usuário com a utilização de um servidor *proxy*.

Figura 38 – Servidor *Proxy*

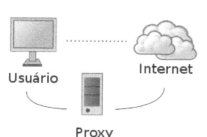

Fonte: https://commons.wikimedia.org/wiki/File:Esquema-proxy-internet.svg. Acesso em 05 dez. 2022

Com a utilização de servidores *proxy* de aplicação, os dados são analisados e modificados na camada de aplicação, a última camada, de forma que todo o pacote será reescrito e remontado pelo *proxy*. Com isso, o *proxy* consegue detectar tentativas de quebra de segurança. Entretanto, tornará a aplicação muito mais lenta que um *firewall* com filtro de pacotes.

São exemplos de servidor *proxy* de aplicação: www, FTP, Telnet, SQL, entre outros. *Structured Query Language* (SQL) ou Linguagem Estruturada de Consulta é utilizada na operação de bancos de dados.

Outro tipo de *proxy* muito utilizado nas empresas são os *proxies* de cache, que armazenam temporariamente os sites mais visitados para reutilização. Com isso, não haverá a necessidade do acesso direto à Internet quando o usuário quiser navegar por aquele site específico.

5.8   BASTION HOST

Um *bastion host* é uma estação de trabalho ou sistema (por exemplo, servidores web, FTP ou os próprios roteadores) colocada fora da rede interna, mas dentro do perímetro da rede. Esta máquina está exposta a um *hacker* e necessita de proteção e o equipamento não deve ter vulnerabilidades.

É frequente a confusão dos termos *bastion host* e o termo *firewall*. De forma simplificada, um *bastion host* é um sistema que precisa ser protegido contra um ataque. Todos os *firewalls* podem ser considerados *bastion hosts*, uma vez que não devem ser alvos de ataques.

Essas máquinas necessitam de uma segurança reforçada, pois isso os serviços desnecessários devem ser desabilitados nesses computadores. Esse processo é conhecido como endurecimento ou *hardening* do sistema operacional.

Em muitos casos, os *bastion hosts* são os sistemas críticos que devem ser protegidos por um *firewall*, pois é comum que esses sistemas estejam publicados fora da rede interne expostos na Internet. Por estarem em segmentos de rede específicos, mesmo que sejam atacados e comprometidos, dificilmente o ataque conseguirá propagar pela rede.

5.9 PROTEÇÃO DE SEGURANÇA BASEADA EM SOFTWARE

As proteções de tecnologia incluem programas e serviços que protegem tanto sistemas operacionais, bancos de dados, quanto outros serviços sendo executados em estações de trabalho, dispositivos portáteis e servidores. Os administradores instalam contramedidas ou proteções baseadas em software em *hosts* ou servidores individuais. Existem várias tecnologias baseadas em software usadas para proteger os ativos de uma empresa:

- Os *firewalls* de software controlam o acesso remoto a um software. Os sistemas operacionais normalmente incluem um *firewall* ou um usuário pode comprar ou fazer *download* de software de terceiros.

- Scanners de rede e de porta detectam e monitoram portas abertas em um *host* ou servidor.

- Analisadores de protocolo, ou analisadores de assinatura, são dispositivos que coletam e examinam o tráfego de rede. Eles identificam problemas de desempenho, detectam problemas de configuração, identificam aplicativos com comportamento inadequado, estabelecem o parâmetro e os padrões de tráfego normal e depuram problemas de comunicação.

- Scanners de vulnerabilidades são programas de computador projetados para avaliar os pontos fracos em computadores ou redes.

- Sistemas de detecção de invasão baseados em *host* (IDS) examinam as atividades apenas em sistemas de *host*. Um

IDS gera arquivos de *log* e mensagens de alarme quando detecta atividade incomum. Um sistema que armazena dados confidenciais ou que presta serviços essenciais é um candidato para IDS baseado em *host*.

5.9.1 Antimalware

O termo Malwares ou códigos maliciosos inclui vírus, *worms*, cavalos de Troia, *keyloggers*, *spyware*, *adware*, entre outros. Todos eles invadem a privacidade, roubam informações, danificam o sistema ou excluem e corrompem os dados.

É fundamental a proteção os computadores e dispositivos móveis com software *antimalware* de qualidade e atualizados. Estão disponíveis os seguintes tipos de programas *antimalware*:

- **Proteção antivírus** – Programa que monitora, continuamente, por vírus. Quando detecta um vírus, o programa avisa o usuário e ele tenta colocar em quarentena ou excluir o vírus.

EQUIPAMENTOS E TÉCNICAS PARA SEGURANÇA DE REDE 161

Figura 39 – Tela de entrada de software antivírus McAfee LiveSafe™

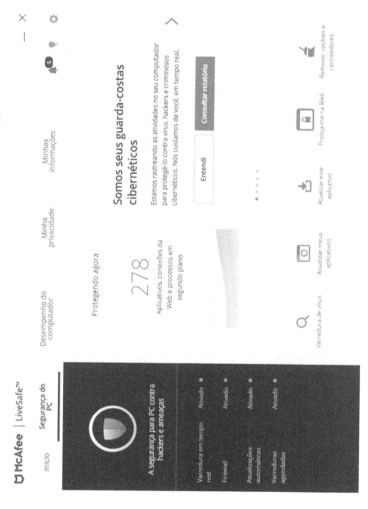

Fonte: Captura de tela do Autor

- **Proteção contra *adware*** – O programa procura continuamente por programas que exibem publicidade indesejada em um computador.
- **Proteção contra *phishing*** – O programa bloqueia endereços IP de sites de *phishing* conhecidos na web e avisa o usuário sobre sites suspeitos.
- **Proteção contra *spyware*** – Programa que varre o computador em busca de *keyloggers*, *malwares* que armazenam o que o usuário digitou, e outros tipos de *spyware*.
- **Fontes confiáveis / não confiáveis** – O programa avisa o usuário se software não é seguro para instalação, pois pode comprometer o computador ou se um site a ser visitado é seguro e quais os riscos ao entrar na página desejada.

Pode ser necessário usar vários programas diferentes e fazer várias varreduras para remover completamente todos os softwares mal-intencionados. Execute apenas um programa de proteção contra *malware* por vez.

Várias empresas de segurança confiáveis, como McAfee, Symantec e Kaspersky, oferecem proteção completa contra *malware* para computadores e também para dispositivos móveis como *tablets* e *smartphones*, que também estão sujeitos a *malwares*.

Deve-se ressaltar que o *malware* se transforma tão rapidamente que os incidentes de segurança relacionados ao *malware* são extremamente comuns porque o software *antimalware* pode não ser atualizado com a frequência necessária para impedir as novas ameaças.

Desconfie de produtos antivírus falsos mal-intencionados que podem aparecer durante a navegação na Internet. A maioria desses produtos antivírus falso exibe um anúncio ou um *pop-up* que parece como uma janela de aviso real do Windows. Geralmente, elas afirmam que o *malware* está infectando o computador e solicita ao usuário que o limpe. Ao se clicar em qualquer lugar na janela pode iniciar o *download* e a instalação do *malware*.

Software não aprovado ou não compatível não é apenas um software que é instalado de forma não intencional em um computador. Também pode vir de usuários que queriam instalá-lo. Pode não ser mal-intencionado, mas ainda pode violar a política de segurança. Esse tipo de sistema não compatível pode interferir no software da empresa ou nos serviços de rede. Os usuários devem remover software não aprovado imediatamente.

5.9.2   Software do Sistema Operacional

O sistema operacional desempenha um papel crítico na operação de um computador e, como possui vulnerabilidades, também é alvo de muitos ataques cibernéticos. Como controla a utilização do hardware, a segurança do sistema operacional tem um efeito em cascata sobre a segurança geral de um computador.

Um administrador codifica um sistema operacional ao modificar a configuração padrão para torná-lo mais seguro em relação a ameaças externas. Esse processo inclui a remoção de programas e serviços desnecessários. Outro requisito crítico de codificação de sistemas operacionais é a aplicação de *patches* e atualizações de segurança. *Patches* e atualizações de segurança são correções que as empresas liberam, em uma tentativa de reduzir a vulnerabilidade e corrigir falhas em seus produtos.

Uma organização deve ter uma abordagem sistemática para endereçamento de atualizações do sistema:

- Estabelecendo procedimentos de monitoramento de informações relacionadas à segurança.
- Avaliando as atualizações para aplicabilidade.
- Planejamento da instalação de atualizações e *patches* de aplicativos.
- Instalação de atualizações usando um plano documentado.

Outro requisito fundamental de proteção dos sistemas operacionais é identificar possíveis vulnerabilidades. Isso pode ser feito por meio do estabelecimento de uma linha de base. Estabelecer uma linha de base permite que o administrador faça uma comparação de como um sistema está sendo executado versus suas expectativas geradas pela de linha de base.

O MBSA (Microsoft Baseline Security Analyzer) ou Analisador de segurança de parâmetro Microsoft avalia as atualizações de segurança ausentes e problemas de configuração de segurança no Microsoft Windows. O MBSA verifica senhas em branco, simples ou inexistentes, configurações de *firewall*, status de conta de convidado, detalhes da conta de administrador, a auditoria de eventos de segurança, serviços desnecessários, compartilhamentos de rede e configurações do registro. Depois da codificação do sistema operacional, o administrador cria as políticas e procedimentos para manter um alto nível de segurança.

5.9.3   Gerenciador de patches

Os *patches* são atualizações de código que os fabricantes fornecem para evitar que um vírus ou um *worm* recém-descoberto realize um ataque de exploração bem-sucedido. De tempos em tempos, os fabricantes combinam *patches* e atualizações em uma aplicação completa de atualização chamada de *service pack*. Muitos ataques devastadores de vírus ou *worms* poderiam ter sido muito menos graves, se mais usuários tivessem baixado e instalado o *service pack* mais recente.

O Windows verifica, regularmente, o site Windows Update, por atualizações de alta prioridade e que podem ajudar a proteger o computador contra as mais recentes ameaças de segurança. Essas atualizações incluem atualizações de segurança, atualizações críticas e *service packs*. Dependendo da configuração escolhida, o Windows baixa e instala, automaticamente, todas as atualizações de alta prioridade que o computador precisa ou notifica o usuário conforme essas atualizações estiverem disponíveis.

Algumas organizações podem querer testar um *patch* antes de implantá-lo em toda a organização. A organização usaria um serviço para gerenciar *patches* localmente, em vez de usar o serviço de atualização *online* do fornecedor. Os benefícios de usar um serviço de atualização automática de *patch* são:

- Os administradores podem aprovar ou recusar atualizações;
- Os administradores podem forçar a atualização de sistemas para uma data específica;

- Os administradores podem obter relatórios sobre a atualização necessária para cada sistema;
- Cada computador não tem que se conectar ao serviço do fornecedor para baixar os *patches*. Um sistema obtém a atualização de um servidor local;
- Os usuários não podem desativar ou contornar as atualizações.

Um serviço de *patches* automáticos fornece aos administradores um ambiente mais controlado.

5.10 COMUNICAÇÕES SEGURAS COM VPN

Ao se conectar à rede local e compartilhar arquivos, a comunicação entre computadores permanece dentro dessa rede. Os dados permanecem seguros porque são mantidos fora de outras redes e fora da Internet. Para comunicar e compartilhar recursos por uma rede que não seja segura, os usuários empregam uma rede privada virtual ou Virtual Private Network (VPN).

Inicialmente, a VPN foi desenvolvimento para que redes baseadas em determinados protocolos pudessem se interconectar com redes diferentes, como o caso de uma rede X.25 passando por uma rede baseada no Protocolo de Internet ou *Internet Protocol* (IP). Como é inaceitável que as informações de negócios trafeguem sem proteção e sem segurança pela Internet, a VPN incorporou os conceitos de criptografia para manutenção o sigilo dos dados. Adicionalmente, foi criado um protocolo-padrão de fato das VPNs denominado *IP Security* (IPSec), que garante a integridade, a autenticação e o sigilo desses dados.

A utilização de uma conexão dedicada para o tráfego na Internet resulta em custos muito altos, sobretudo em uma organização em que a filial possui muitos usuários. Assim, a organização deve considerar a ideia de utilizar uma conexão direta com a Internet na filial, para que a conexão dedicada possa ser economizada. A utilização da VPN pode realizar essa função Utilizando-se a VPN, o túnel é criado no *gateway* da rede da filial e finaliza.

A VPN é uma rede privada que conecta usuários ou sites remotos por uma rede pública, como a Internet. O tipo mais comum de VPN acessa uma rede privada corporativa. A VPN usa conexões seguras dedicadas, roteadas pela Internet, da rede corporativa privada para o usuário remoto. Quando conectados à rede privada corporativa, os usuários se tornam parte dela e têm acesso a todos os serviços e recursos, como se estivessem fisicamente conectados à LAN corporativa.

Conforme (NAKAMURA. GEUS, 2007), as VPNs, possibilitam a criação de conexões privadas, de maneira que as comunicações passem a ser realizadas por meio de uma única ligação com a rede pública. O resultado dessa abordagem pode ser observado na simplicidade das conexões, conforme Figura a seguir, nas quais apenas uma conexão pública precisa ser gerenciada, em oposição às múltiplas conexões na implementação sem VPN.

Figura 40 – (a) Malha de conexões entre matriz, filiais, fornecedores, distribuidores e filial. (b) Malha das conexões simplificada pela utilização de VPN

(a)

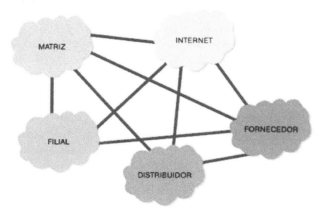

(b)

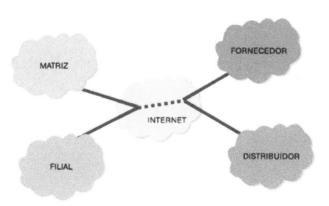

Fonte: (NAKAMURA & GEUS, 2007, p. 318 e 319)

Quando se utiliza a VPN, o usuário tem a percepção que está conectado diretamente à rede privada, mas, na realidade é utilizada uma infraestrutura pública. A utilização da rede pública para a comunicação entre matriz, filiais e parceiros comerciais significa custos reduzidos, maior flexibilidade e escalabilidade com relação a usuários móveis e mudanças e aumento das conexões.

Confirmando essa intuição, a Forrester Research estima que a redução dos custos possa chegar até a 60% quando se utiliza uma VPN, dependendo do caso. Isto é decorrente do gerenciamento das conexões privadas ser mais complexo devido ao maior número de componentes envolvidos. Além dos custos mais altos, existem problemas com a flexibilidade e escalabilidade da rede.

O acesso pode ser individualizado, como no caso de um acesso remoto, ou pode ser de uma rede para outra (*gateway-to-gateway VPN*) (NAKAMURA & GEUS, 2007). A criptografia possibilita o tunelamento das comunicações, por exemplo, o uso de protocolos como IPSec ou TLS.

Os usuários de acesso remoto devem ter o cliente VPN instalado em seus computadores para formar uma conexão segura com a rede privada corporativa. O software do cliente VPN criptografa os dados antes de enviá-los pela Internet para o *gateway* VPN na rede privada corporativa. Os *gateways* VPN estabelecem, gerenciam e controlam conexões VPN, também conhecidas como túneis VPN.

Os sistemas operacionais incluem um cliente VPN que o usuário configura para uma conexão VPN.

Figura 41 – Tela de conexão a uma VPN

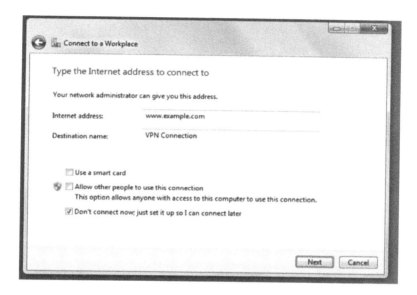

Fonte: Captura de Tela do Autor

Para proteger o tráfego de rede entre sites e usuários, as organizações usam redes privadas virtuais (VPNs) para criar conexões de rede privadas de ponta a ponta. Uma VPN é virtual, pois carrega informações dentro de uma rede privada, mas essas informações são realmente transportadas por uma rede pública. Uma VPN é privada, pois o tráfego é criptografado para manter os dados confidenciais enquanto são transportados pela rede pública. O túnel permite que sites remotos e usuários acessem os recursos da rede do site principal com segurança.

5.10.1 Benefícios da VPN

Os modernos VPNs agora suportam recursos de criptografia, como segurança do Protocolo da Internet (IPSec) e *Secure Sockets Layer* (SSL) para proteger o tráfego de rede entre sites.

Os principais benefícios das VPNs são mostrados na tabela.

Tabela 8 – Benefícios da VPN

Benefícios	Descrição
Redução de custos	Com o advento de tecnologias econômicas e de alta largura de banda, as organizações podem usar VPNs para reduzir seus custos de conectividade enquanto aumenta simultaneamente a largura de banda da conexão remota.
Segurança	As VPNs fornecem o mais alto nível de segurança disponível, usando protocolos avançados de criptografia e autenticação que protegem os dados de acesso não autorizado.
Escalabilidade	As VPNs permitem que as organizações usem a Internet, facilitando a adição de novos usuários sem adicionar infraestrutura significativa.
Compatibilidade	As VPNs podem ser implementadas em uma ampla variedade de opções de *link* WAN incluindo todas as tecnologias populares de banda larga. Trabalhadores remotos podem aproveitar essas conexões de alta velocidade para obter acesso seguro às suas redes corporativas.

Fonte: (CISCO, 2021)

5.10.2 Tipos de VPN

A figura a seguir apresenta cenários onde a VPN pode ser empregada, destacando-se usuário de acesso remoto, conexões entre escritórios em diferentes cidades e extranet com empresas parceiras como consultorias, fornecedores e prestadores de serviço.

Figura 42 – Cenários de aplicação da VPN

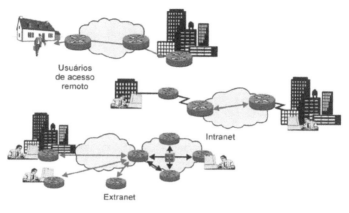

Fonte: (MORAES, 2010)

Uma VPN site a site é criada quando os dispositivos de terminação da VPN, também chamados de *gateways* VPN, são pré-configurados com informações para estabelecer um túnel seguro. O tráfego da VPN é criptografado apenas entre esses dispositivos. Os *hosts* internos não sabem que uma VPN está sendo usada.

Uma VPN de acesso remoto é criada dinamicamente para estabelecer uma conexão segura entre um cliente e um dispositivo de terminação da VPN. Por exemplo, uma VPN SSL de acesso remoto é usada quando você verifica suas informações bancárias *online*.

As VPNs se tornaram a solução lógica para a conectividade de acesso remoto por vários motivos. As VPNs de acesso remoto permitem que usuários remotos e móveis se conectem com segurança à empresa, criando um túnel criptografado. Os usuários remotos podem replicar com segurança o acesso à segurança da empresa, incluindo aplicativos de e-mail e rede. As VPNs de acesso remoto também permitem que contratados e parceiros tenham acesso limitado a servidores, páginas da Web ou arquivos específicos, conforme necessário. Isso significa que esses usuários podem contribuir para a produtividade dos negócios sem comprometer a segurança da rede.

As VPNs de acesso remoto geralmente são ativadas dinamicamente pelo usuário quando necessário. As VPNs de acesso remoto podem ser criadas usando IPsec ou SSL e um usuário remoto deve iniciar uma conexão VPN de acesso remoto.

5.10.3 VPN SSL e IPsec

Quando um cliente negocia uma conexão SSL VPN com o *gateway* VPN, na verdade ele se conecta usando o TLS (Transport Layer Security). TLS é a versão mais recente do SSL e às vezes é expressa como SSL / TLS. No entanto, ambos os termos são frequentemente usados de forma intercambiável.

O SSL usa a infraestrutura de chave pública e os certificados digitais para autenticar pares. As tecnologias IPsec e SSL VPN oferecem acesso a praticamente qualquer recurso ou aplicativo de rede. No entanto, quando a segurança é um problema, o IPsec é a escolha superior. Se o suporte e a facilidade de implantação forem os principais problemas, considere o SSL. O tipo de método de VPN implementado é baseado nos requisitos de acesso dos usuários e nos processos de TI da organização. A tabela a seguir compara implantações de acesso remoto IPsec e SSL.

Tabela 9 – Comparação IPsec X SSL

Recurso	IPSec	SSL
Aplicativos suportados	**Extensivo** - Todos os aplicativos baseados em IP são suportados.	**Limitado** - Somente aplicativos e arquivos baseados na Web compartilhamento são suportados.
Força de autenticação	**Forte** - Usa autenticação bidirecional com chaves compartilhadas ou certificados digitais.	**Moderado** - usando autenticação unidirecional ou bidirecional.

Recurso	IPSec	SSL
Força de criptografia	**Forte** - Usa comprimentos de chave de 56 a 256 bits.	**Moderado a forte** - com comprimentos de chave de 40 bits a 256 bits.
Complexidade da conexão	**Médio** - Porque requer um cliente VPN pré-instalado em um *host*.	**Baixo** - Requer apenas um navegador da web em um *host*.
Opção de conexão	**Limitado** - Somente dispositivos específicos com configurações podem se conectar.	**Extensivo** - Qualquer dispositivo com um navegador da Web pode Conectar

Fonte: (CISCO, 2021)

É importante entender que as VPNs IPsec e SSL não são mutuamente exclusivas. Em vez disso, eles são complementares; ambas as tecnologias resolvem problemas diferentes e uma organização pode implementar IPsec, SSL ou ambos, dependendo das necessidades de seus teletrabalhadores.

As VPNs site a site são usadas para conectar redes através de outra rede não confiável, como a Internet. Em uma VPN site a site, os *hosts* finais enviam e recebem tráfego TCP / IP não criptografado normal por meio de um dispositivo de terminação VPN. O dispositivo de terminação VPN é normalmente chamado de *gateway* VPN.

Um dispositivo de *gateway* VPN pode ser um roteador ou um *firewall*, conforme mostrado na figura. O dispositivo mostrado no lado direito da figura é um dispositivo de *firewall* independente que combina *firewall*, concentrador de VPN e funcionalidade de prevenção de intrusões em uma imagem de software. O *laptop* cliente é conectado ao gateway de redes VPN, mostrado como um roteador. O Gateway VPN é conectado na Internet, representado como uma nuvem, para outro VPN Gateway, mostrado como um *firewall*. A conexão entre os dois *gateways* de dois VPN está usando o IPsec para proteger o túnel VPN.

Figura 43 – Tela de conexão a uma VPN IPsen

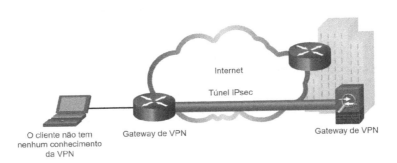

Fonte: (CISCO, 2021)

O *gateway* VPN encapsula e criptografa o tráfego de saída. Em seguida, ele envia o tráfego através de um túnel VPN pela Internet para um *gateway* VPN no site de destino. Após o recebimento, o *gateway* VPN receptor retira os cabeçalhos, descriptografa o conteúdo e retransmite o pacote em direção ao *host* de destino dentro de sua rede privada. As VPNs site a site geralmente são criadas e protegidas usando a segurança IP (IPsec).

IPsec é um padrão IETF (RFC 2401-2412) que define como uma VPN pode ser protegida em redes IP. O IPsec protege e autentica pacotes IP entre a origem e o destino. O IPsec pode proteger o tráfego da camada 4 à camada 7. Usando a estrutura IPsec, o IPsec fornece estas funções essenciais de segurança:

- **Confidencialidade** – O IPsec usa algoritmos de criptografia para impedir que criminosos cibernéticos leiam o conteúdo do pacote.
- **Integridade** – O IPsec usa algoritmos de *hash* para garantir que os pacotes não tenham sido alterados entre a origem e o destino.
- **Autenticação de origem** – IPsec usa o protocolo da Internet Key Exchange (IKE) para autenticar origem e destino. Os métodos de autenticação incluem o uso de chaves pré-compartilhadas (senhas), certificados digitais ou certificados RSA.

- **Diffie-Hellman** – Intercâmbio de chaves seguras tipicamente usando vários grupos do algoritmo DH.

O IPsec não está vinculado a nenhuma regra específica para comunicações seguras. Essa flexibilidade da estrutura permite que o IPsec integre facilmente novas tecnologias de segurança sem atualizar os padrões IPsec existentes. As tecnologias atualmente disponíveis estão alinhadas às suas funções de segurança específicas. Os *slots* abertos mostrados na estrutura IPsec na figura podem ser preenchidos com qualquer uma das opções disponíveis para essa função IPsec para criar uma associação de segurança exclusiva (SA).

5.11   LISTAS DE CONTROLE DE ACESSO (ACLS)

Um roteador pode ser utilizado para filtrar o tráfego entrante em uma de suas interfaces com base nas informações existentes no cabeçalho de um pacote. Para isso, é adicionada uma **Lista de Controle de Acesso** ou *Access Control List* (ACL) para verificar se o pacote pode ser enviado.

Esta lista é uma sequência de instruções de permissão ou negação, denominadas entradas de controle de acesso (ACE). Quando o tráfego da rede atravessa uma interface com ACL configurada, o roteador irá comparar as informações do pacote com cada ACE, para determinar se o pacote corresponde a uma dessas entradas. Esta etapa é denominada de filtragem de pacote.

Um exemplo de utilização de ACLs ocorre quando uma empresa deseja limitar o tráfego da rede para aumentar o seu desempenho. Para isso, institui uma política corporativa que proíbe o tráfego de vídeo vindo da Internet na rede corporativa para redução da carga da rede. É possível aplicar essa política através de ACLs que bloqueiem o tráfego de vídeo.

As ACLs podem ser utilizadas para mitigação de ameaças da rede tais como, falsificação de endereço IP e ataque de negação de serviço (DoS). Parte relevante dos ataques utilizarão algum tipo de falsificação. No caso de falsificação ou *Spoofing* do endereço IP, o atacante substitui o endereço IP de origem por um personalizado, visando esconder o IP de origem e indicar sua identidade.

5.12 SEGURANÇA DE ENDPOINTS

Um *endpoint* ou *host* é um sistema de computador individual ou um dispositivo que atua como um cliente da rede. Os *endpoints* mais frequentemente observados são *notebooks*, *desktops*, servidores, *smartphones* e *tablets*. A segurança de dispositivos de *endpoint* é uma das tarefas mais desafiadoras de um administrador de rede, porque envolve a natureza humana. Uma empresa deve ter obrigatoriamente as políticas em vigor bem documentadas e os funcionários devem conhecer essas regras.

Os funcionários devem ser treinados para usarem corretamente a rede corporativa. As políticas em geral incluem o uso de software antivírus e prevenção contra invasões. Soluções de segurança de *endpoints* mais abrangentes são baseadas no controle de acesso à rede.

Historicamente, os *endpoints* de funcionários foram computadores emitidos pela empresa que residiam dentro de um perímetro de LAN claramente definido. Esses *hosts* foram protegidos por *firewalls* e dispositivos IPS que funcionavam bem com *hosts* conectados à LAN e atrás do *firewall*.

Os *endpoints* também usaram medidas de segurança tradicionais baseadas em *host*:

- **Software Antivírus/*Antimalware*** – é um software instalado em um *host* para detectar e mitigar vírus e *malware*. As empresas que fornecem software antivírus incluem Norton, TotalAV, McAfee, MalwareBytes e muitos outros.
- **IPS Baseado em *Host*** – é um software instalado no *host* local para monitorar e relatar a configuração do sistema

e a atividade do aplicativo, fornecer análise de *log*, correlação de eventos, verificação de integridade, aplicação de política, detecção de *rootkit* e alertas. Os exemplos incluem Snort IPS, OSSEC e Malware Defender, entre outros.

- *Firewall* **Baseado em** *Host* – este é um software instalado em um *host* que restringe as conexões de entrada e saída àquelas iniciadas por aquele *host* apenas. Alguns softwares de *firewall* também podem impedir que um *host* se infecte e impedir que *hosts* infectados espalhem *malware* para outros *hosts*. Incluído em alguns sistemas operacionais, como Windows, ou produzidos por empresas como NetDefender, Zonealarm, Comodo Firewall e muitos outros.

5.13 OUTRAS PROTEÇÕES DE SEGURANÇA BASEADAS EM REDE

Existem várias tecnologias baseadas em rede usadas para proteger os ativos da empresa, tais como:

- **Network Access Control (NAC)** requer um conjunto de verificações antes de permitir que um dispositivo se conecte a uma rede. Algumas verificações comuns incluem softwares antivírus atualizados ou atualizações do sistema operacional instaladas.

- **Segurança de** *access point* **sem fio** inclui a implementação de autenticação e criptografia.

- **Protocolo NAT** foi uma solução para o esgotamento dos números IPv4 na Internet, representa a tradução do endereço de rede e foi desenvolvido pela Cisco. Com a tradução de endereços de rede, permitiu-se que máquinas pudessem acessar a internet sem possuir um endereço IP válido, porque os endereços válidos da rede são distribuídos de forma centralizada e controlada. São criadas faixas de endereçamento denominadas inválidas que podem ser utilizadas livremente.

- **Gerenciador de *logs*** – Os arquivos de *log* são usados para registrar eventos ocorridos na rede. Considerando um número muito grande de entradas de *log*, o software do gerenciador de *logs* é empregado para facilitar o monitoramento de *log*.

6. FORMAS DE GARANTIR AS PROPRIEDADES DA INFORMAÇÃO

Como visto anteriormente, as três propriedades básicas das informações são confidencialidade, integridade e disponibilidade. Diversos equipamentos de segurança apresentados no capítulo anterior, como *firewall*, IDS e IPS, contribuem para manutenção da disponibilidade em uma rede. Porque bloqueiam certos tipos de ataque impedindo que a rede seja atingida e que fique indisponível.

Um das formas para proteger a confidencialidade, isto é, impedir que usuários não autorizados tenham acesso a uma informação, é através do uso de criptografia. Por meio da criptografia, é possível proteger dados sigilosos salvos no computador como arquivos de senhas ou declaração de Imposto de Renda, proteger backups contra acessos indevidos ou proteger comunicações realizadas pela Internet como transações bancárias e comerciais, envio e recebimento de e-mail, entre outras.

A criptografia é essencial para operações em rede, já que diversos meios de acesso são de uso compartilhado, como as comunicações *wireless*, e assim a informação está disponível para todos os usuários.

Para garantir a integridade da mensagem são utilizados os *Hashes*. Ao envio uma mensagem, calcula-se o *hash* dessa mensagem enviada e quando a mensagem é recebida, calcula-se o *hash* da mensagem recebido. Caso os *hash* coincidam, a mensagem não foi alterada e está íntegra. Entretanto, se os *hash* **não** forem iguais, a mensagem foi alterada durante o processo de comunicação e deve ser descartada.

Neste capítulo, a utilização da criptografia, exemplos de algoritmos criptográficos e dos tipos de chaves criptográficas serão discutidas. Adicionalmente, será abordada também de função de *hash*, utilizada para garantia da integridade de uma mensagem.

6.1 CONCEITOS DE CRIPTOGRAFIA

Segundo (GALVÃO, 2015), criptografia é o conjunto de formas que tornam uma informação inelegível, de modo que pessoas não autorizadas não tenham acesso a elas. Com a utilização desse processo, somente quem tiver a chave de decriptação será capaz de transformar a informação para um novo formato legível.

Dessa forma, a criptografia é o modo de armazenar e transmitir dados, de maneira que apenas o destinatário pretendido possa realizar a leitura ou processamento dos dados. A criptografia moderna utiliza algoritmos seguros em relação à computação para nos assegurar de que criminosos virtuais não possam comprometer as informações protegidas sem realizar esforços consideráveis.

A confidencialidade de dados garante a privacidade para que apenas o destinatário desejado possa ler a mensagem. As partes obtêm a confidencialidade através da criptografia. A criptografia é o processo de embaralhamento de dados para impedir que uma pessoa não autorizada leia os dados com facilidade.

Do ponto de vista histórico, as partes, emissor e receptor, implementaram vários métodos e algoritmos de criptografia. Um algoritmo é o processo ou fórmula usada para resolver um problema. De acordo com (CISCO, 2020), o histórico de criptografia foi iniciado em círculos diplomáticos há milhares de anos. Os mensageiros das cortes reais eram enviados para outras cortes transportando mensagens criptografadas. Ocasionalmente, reinos não envolvidos na comunicação tentavam roubar as mensagens enviadas a um território considerado inimigo. Tempos depois, os monarcas começaram a utilizar a criptografia para proteger as mensagens.

Por sua vez, o imperador romano Júlio César protegia as mensagens, colocando dois conjuntos do alfabeto lado a lado e, posteriormente, trocava um deles por um número específico de casas. O número de casas atuava como a chave secreta na troca de informações. O texto às claras será convertido em texto codificado usando essa chave e apenas seus generais do exército romano, que também tinham acesso à chave, conseguiam decifrar as mensagens. Esse método é conhecido como a cifra de César. A figura mostra uma mensagem secreta que usa a cifra de César.

Figura 44 – Cifra de César e Mensagem da cifra de César codificada

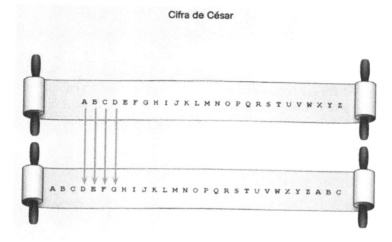

Fonte: (CISCO, 2020)

> **SAIBA MAIS**
>
> O vídeo "Como criptografar com a Cifra de César" apresenta de forma didática o funcionamento da Cifra de César.
>
> Disponível em <https://www.youtube.com/watch?v=Iw-CO4MjD-kE>. Acessado em 03 dez. 2022.
>
> Existe uma versão virtual do disco para cifrar. Disponível em: <http://inventwithpython.com/cipherwheel/>. Acessado em 25 abr. 2020.
>
> Existem até aplicativos da Cifra de César disponíveis para *download*. Por exemplo, o aplicativo Caesar Cipher Disk para Android. Disponível em <https://play.google.com/store/apps/details?id=com.nb974.caesarcipherwheel> Acessado em 03 dez. 2022.

Figura 45 – Disco da cifra de César no aplicativo Caesar Cipher Disk

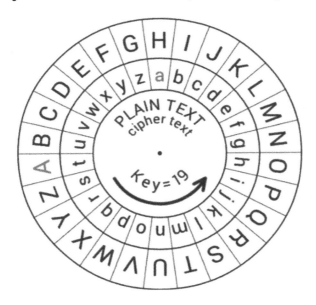

Fonte: captura de tela de *smartphone* do autor

Em um primeiro momento, a criptografia pode parecer complicada e complexa, mas seus benefícios podem ser usufruídos mesmo sem aplicação de conhecimentos matemáticos avançados.

Com a utilização de criptografia, deseja-se garantir o sigilo da mensagem. As etapas para esse processo são: Elaboração do texto claro, Cifração e Decifração.

Na Elaboração de texto claro, é criada uma mensagem original, na linguagem. A Cifração é uma técnica de mistura e/ou substituição das letras da mensagem original (texto claro), resultando em códigos indecifráveis para quem não tenha a chave de acesso. A mensagem embaralhada ou cifrada é denominada criptograma ou texto cifrado. Por fim na decifração, o texto cifrado é traduzido para o texto original, de modo que o destinatário consiga ler a informação com segurança.

A Criptografia apresente uma terminologia bastante específica. O **Texto às claras** ou *plain text* representa a mensagem ou os dados originais alimentados ao algoritmo como entrada. Já o **Texto cifrado** ou *cipher text* é a mensagem embaralhada produzida como saída. Depende do texto às claras e da chave secreta. Para uma mensagem dada, duas chaves diferentes produzirão dois textos cifrados diferentes.

O processo de converter um texto claro em texto cifrado é conhecido como **cifragem** ou **criptografia.** O **Algoritmo de cifração** corresponde ao algoritmo criptográfico que executa várias substituições e transformações no texto às claras.

A **Chave secreta** é uma das entradas para o algoritmo de cifração. As substituições e transformações exatas a serem realizadas pelo algoritmo dependem dessa a chave.

O processo de recuperação do texto claro a partir do texto cifrado é conhecimento como **descriptografia** ou **decifragem**. O **Algoritmo de decifração** corresponde essencialmente o algoritmo de cifração executado ao contrário. As entradas para esse algoritmo são o texto cifrado e a mesma chave secreta utilizada no algoritmo de cifragem. Em relação à saída, é produzido o texto às claras original.

O critério utilizado pelos processos de cifração e decifração é chamado de chave criptográfica, para gerar o texto cifrado e para decodificá-lo. A chave criptográfica corresponde ao algoritmo para decifrar o texto cifrado.

6.2 CLASSIFICAÇÃO DE SISTEMAS CRIPTOGRÁFICOS

De acordo com (STALLINGS, 2008), sistemas criptográficos são caracterizados por três dimensões independentes: tipo de operações utilizadas na transformação de texto às claras para o texto cifrado, o número de chaves empregadas e a forma como o texto às claras é processado.

Ao analisar tipo de operações utilizadas na transformação de texto às claras para o texto cifrado, todos os algoritmos de criptografia são baseados em 2 princípios gerais: Substituição e Transposição. Na substituição, cada elemento no texto às claras, sejam grupos de bits, letras ou grupos de letras, é mapeado em outro elemento. Por sua vez, na transposição ocorre um rearranjo dos elementos. Um requisito fundamental é que nenhuma informação seja perdida, garantindo, assim que as operações possam são reversíveis.

Em relação ao número de chaves empregadas, se tanto o emissor quanto o destinatário utilizam a mesma chave, o sistema é conhecido como criptografia simétrica, criptografia de chave única ou criptografia convencional. Se o transmissor e o receptor utilizam chaves diferentes, o sistema é denominado criptografia assimétrica, criptografia de duas chaves ou de chave púbica.

O texto às claras pode ser processado como uma cifra de bloco, quando processa a entrada um bloco de elemento por vez, produzindo uma única saída para o bloco. Já na cifra de fluxo ocorre o processamento dos elementos de entrada continuamente, processamento a saída de um elemento por vez. Conforme os caracteres são fornecidos para o algoritmo de cifragem, são obtidos os resultados da cifragem imediatamente.

Segundo (SIMPLÍCIO JUNIOR, 2008), até 1976, a única forma conhecida de criptografia era a criptografia de chave secreta, ou criptografia simétrica. Nessa técnica, para que dois indivíduos pudessem se comunicar de forma segura, ambos precisavam compartilhar uma mesma chave secreta para encriptação e decriptação, conhecida apenas por eles. Este fato gerava problemas principalmente com relação à distribuição destas chaves, que precisavam ser trocadas através de um meio seguro, pessoalmente, por exemplo, antes que fosse possível utilizar de qualquer forma de criptografia. Deve-se ressaltar que existiam, nessa época, técnicas militares criptográficas extremamente avançadas, mas estas técnicas não são abertas às atividades da sociedade civil.

Em 1976, os criptógrafos ingleses Diffie e Hellman (DIFFIE; HELLMAN, 1976) apresentaram ao meio civil o esquema conhecido como criptografia assimétrica, também conhecida como criptografia de chave pública. Sua utilização permite que indivíduos estabeleçam uma comunicação segura sem a necessidade de um compartilhando prévio de chave criptográfica.

6.3 CIFRAS DE SUBSTITUIÇÃO

Nas Cifras de Substituição, as letras da mensagem são substituídas por outras letras ou por números ou símbolos.

Caso a mensagem seja vista como uma sequência de bits, então substituição envolve troca de bits padrões da mensagem com bits padrões do criptograma.

A Cifra de César é um exemplo de cifra de substituição, onde a letra é substituída por letra que está três posições para frente no alfabeto, seguindo a seguinte substituição

claro: a b c d e f g h i j k l m n o p q r s t u v w x y z
cifra: D E F G H I J K L M N O P Q R S T U V W X Y Z A B C

Aplicando esse algoritmo, por exemplo, para a frase "seguran-ça sempre", considerando ç como c, tem-se

Texto às claras: **seguranca sempre**
Texto cifrado: **vhjxudqfdvhpsuh**

Como existem somente 25 chaves possíveis para a cifra de Cesar, este algoritmo não é seguro, já que um ataque de força--bruta rapidamente descobriria a chave. Obtém-se um aumento dramático no espaço de chave quando é permitido realizar uma substituição arbitrária.

Lembrando que uma permutação é um conjunto finito de elementos S em uma sequência ordenada de todos os elementos de S, com cada um aparecendo exatamente uma vez. Por exemplo, se $S = \{x, y, z\}$, existem seis permutações de S:

xyz, xzy, yzx, yxz, zxy, zyx

Há n! permutações para um conjunto de n elementos, pois o primeiro deles pode ser escolhido de n maneiras, o segundo, de n − 1 maneiras, o terceiro, de n − 2 maneiras, e assim por diante.

Caso a linha "cifra" puder ser qualquer permutação dos 26 caracteres alfabéticos, então haverá 26!, isto é, mais do que 4×10^{26} chaves possíveis. Esse valor significa 10 ordens de grandeza a mais do que o espaço de chave para DES, e evitaria qualquer técnica de força bruta para criptoanálise. Essa técnica e conhecida como cifra por substituição monoalfabética, pois um único alfabeto de cifra (mapeando do alfabeto claro para um cifrado) e utilizado por mensagem.

6.3.1 Técnicas de Transposição

Uma cifra de transposição é uma espécie bem diferente de mapeamento e é obtida realizando-se algum tipo de permutação nas letras do texto claro.

A cifra mais simples desse tipo é a técnica de cerca de trilho, em que o texto claro e escrito como uma sequência de diagonais, e depois lido como uma sequência de linhas.

6.4 CRIPTOGRAFIA DE CHAVE SIMÉTRICA

De acordo com (STALLINGS, 2008), a técnica universal para conferir confidencialidade tanto para dados transmitidos quanto para dados guardados é a cifração simétrica.

A cifração simétrica também é denominada cifração convencional ou cifração de chave única e é utilizado desde os tempos de Júlio César em Roma. É aplicado para usuários diplomáticos, militares e comerciais. O esquema de cifração simétrica possui cinco componentes: Texto às claras, algoritmo de cifração, chave secreta, texto cifrado e algoritmo de decifração. A Figura 46 ilustra o modelo de criptografia simétrica.

Figura 46 – Modelo simétrico de criptografia convencional

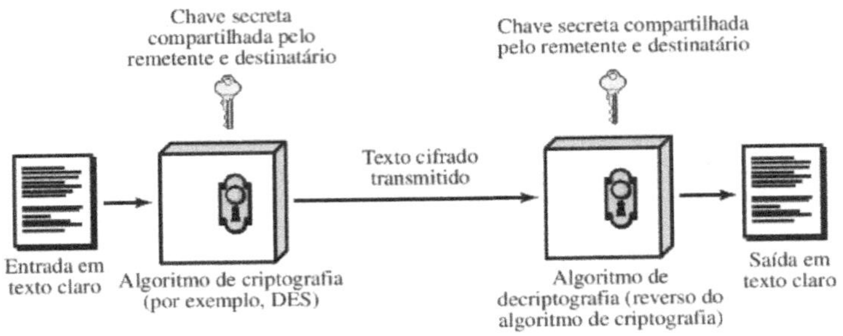

Fonte: (STALLINGS, 2008, p. 18)

Segundo (STALLINGS, 2008), existem dois requisitos necessários para o uso seguro da criptografia simétrica. Inicialmente, é preciso um algoritmo de cifragem forte a ponto que mesmo que oponente que conheça previamente o algoritmo e tenha acesso a alguns textos cifrados não seja capaz de decifrar o texto criptografado ou descobrir a chave secreta.

Por fim, tanto o remetente quanto o destinatário devem receber as chaves secretas de forma segura e armazená-las sem que essa informação seja obtida por terceiros. Já que se um invasor descobre a chave e possui conhecimento sobre o algoritmo, as comunicações realizadas podem por meio daquela chave ter sido interpretadas.

Como ataques a esquemas de criptografia simétrica, existe a criptoanálise e o ataque de força bruta. Dentro da área de criptoanálise estão as técnicas empregadas para decifrar a mensagem sem ter detalhes da criptografia, que pode ser interpretada como "quebrar o código". Ataques criptoanalíticos exploram as propriedades do algoritmo para busca deduzir um texto às claras específico ou adivinhar a chave utilizada. Caso esse ataque tiver sucesso na dedução das chaves, os efeitos são trágicos do ponto de vista de segurança, pois as mensagens passadas e futuras cifradas com aquela chave estarão afetadas.

Outro método de ataque conhecido como ataque de força bruta tenta todas as chaves possíveis em uma amostra de texto cifrado até encontrar uma tradução que origine um texto às claras inteligível. Estatisticamente, é necessário um número de tentativas igual à metade de todas as chaves possíveis para o acerto da chave.

A tabela a seguir mostra o tempo médio para busca exaustiva de chaves em função do tamanho da chave, sendo que estimasse que o tempo entre cada tentativa seja de 1 s, sendo que microssegundo(s) é igual a 10^{-6} segundos.

Tabela 10 – Tempo médio necessário para busca exaustiva de chave

Tamanho da chave (bits)	Número de chaves possíveis	Tempo requerido em 1 decifração por s	Tempo requerido em 10^6 decifração por s
32	$2^{32}= 4,3 * 10^9$	$2^{32}s = 35,8$ minutos	2,15 milissegundos
56	$2^{56}= 7,2 * 10^{16}$	$2^{55}s = 1.142$ anos	10,01 horas
92	$2^{92}= 4,95 * 10^{27}$	$2^{91}s = 1,9* 10^{12}$ anos	$1,9* 10^6$ anos
128	$2^{128}= 3,4 * 10^{50}$	$2^{127}s = 5,4* 10^{24}$ anos	$5,4* 10^{18}$ anos

Fonte: Autor, adaptado de (STALLINGS, 2004, p. 37)

Os métodos de cifra utilizam uma chave para criptografar ou descriptografar uma mensagem. A chave secreta é um componente essencial do algoritmo de criptografia. Um algoritmo de criptografia é tão bom quanto a chave usada. Quanto mais complexidade envolvida, mais seguro é o algoritmo. O gerenciamento de chave é uma peça importante do processo.

Portanto, para comunicação entre um emissor e um destinatário, no caso da Figura X, Alice e Bob, respectivamente, utilizando um esquema de encriptação simétrica, eles devem compartilhar uma mesma chave K, conhecida somente por eles. Esta chave será usada tanto na operação de encriptação quanto decriptação, ou seja, $K_e = K_d = K$. Ao passar por um canal inseguro, um invasor, no caso Eva, tentará acesso aos dados enviados. A figura a seguir ilustra o processo.

Figura 47 – Criptografia simétrica

Fonte: (SIMPLÍCIO JUNIOR, 2008, p. 26)

Há diversos métodos para criação de um texto codificado com criptografia simétrica que podem ser classificados em Técnicas de substituição, nas quais as letras são substituídas, e Técnicas de Transposição, nas quais as letras são reorganizadas.

São exemplos de métodos criptográficos com chave simétrica: AES, Blowfish, IDEA, 3DES e RC4.

6.5 CRIPTOGRAFIA ASSIMÉTRICA

Na criptografia assimétrica ou criptografia de chave pública permite que indivíduos estabeleçam uma comunicação segura sem a necessidade de um compartilhando anterior de chave criptográfica. Pois, são utilizadas duas chaves diferentes para encriptação e decriptação: uma chave pública Ku e sua correspondente chave privada Kr.

No exemplo da Figura a seguir, quando o emissor (Alice) deseja enviar uma mensagem confidencial P ao destinatário (Bob), o emissor deve encriptar a mensagem usando a chave pública de

Bob, que pode ser encontrada abertamente na Internet ou junto a uma entidade com esta atribuição, denominada Entidade Certificadora. Desta forma, é gerada uma mensagem cifrada C que apenas Bob é capaz de decifrar, posto que ele é o único que conhece sua chave privada.

Figura 48 – Criptografia assimétrica

Fonte: (SIMPLÍCIO JUNIOR, 2008, p. 27)

Um dos exemplos mais conhecidos deste tipo de cifra é o algoritmo RSA (RIVEST; SHAMIR; ADELMAN, 1977), cuja segurança se baseia na dificuldade computacional de se fatorar números grandes.

Atualmente, a criptografia já está incorporada e é rapidamente adicionada a maior parte dos sistemas operacionais e aplicativos. Para aplicá-las, em muitos casos, basta a realização de determinadas configurações via Internet.

6.6 FUNÇÕES DE HASH

As organizações devem fornecer suporte para proteger os dados conforme eles trafegam pelos *links*. Isso pode incluir tráfego interno, mas é ainda mais importante proteger os dados que viajam para fora da organização para sites de filiais, sites de provedores de acesso e sites de parceiros.

Estes são os quatro elementos das comunicações seguras:

- **Integridade dos dados** garante que a mensagem não foi alterada. Quaisquer alterações nos dados em trânsito serão detectadas. A integridade é garantida pela implementação de um dos algoritmos Secure Hash (SHA-2 ou SHA-3). O algoritmo de *digest* de mensagens MD5 ainda está amplamente em uso. No entanto, é inerentemente inseguro e cria vulnerabilidades em uma rede. Observe que MD5 deve ser evitado.
- **Autenticação da origem** garante que a mensagem não é uma falsificação e realmente vem de quem afirma. Muitas redes modernas garantem autenticação com algoritmos como código de autenticação de mensagem baseado em *hash* (HMAC).
- **Confidencialidade dos dados** garante que apenas usuários autorizados possam ler a mensagem. Se a mensagem for interceptada, ela não poderá ser decifrada dentro de um razoável período de tempo. A confidencialidade dos dados é implementada usando algoritmos de criptografia simétrica e assimétrica.
- **Dados não repudiáveis** garantem que o remetente não possa repudiar ou refutar a validade de uma mensagem enviada. O não repúdio depende do fato de que apenas o remetente possui as características ou a assinatura exclusivas de como essa mensagem é tratada.

A criptografia pode ser usada em praticamente qualquer lugar em que haja comunicação de dados. De fato, a tendência é que toda comunicação seja criptografada.

6.6.1 Funções criptográficas de *hash*

Hashes são usados para verificar e garantir a integridade dos dados. Eles também são usados para verificar a autenticação. O *hash* é baseado em uma função matemática unilateral que é relativamente fácil de calcular, mas significativamente mais difícil de reverter.

Uma boa analogia de função unilateral é o processo de moagem de café. É fácil moer grãos de café, mas é quase impossível unir novamente todos os pedaços para reconstruir os grãos originais.

Uma função *hash* leva um bloco variável de dados binários, chamado de mensagem, e produz uma representação condensada de comprimento fixo, chamado *hash*. O *hash* resultante também é às vezes chamado de mensagem *digest*, *digest* ou impressão digital.

A figura a seguir mostra um pedaço de papel impresso com palavras para o lado: mensagem de texto simples (dados de comprimento arbitrário). Uma seta vai do papel para um funil que tem a função *hash* palavras ao lado dele. Uma seta sai do funil para uma caixa de texto: e883aacb24c09f e as palavras valor de *hash* de comprimento fixo.

Figura 49 – Fluxo para geração do *hash*

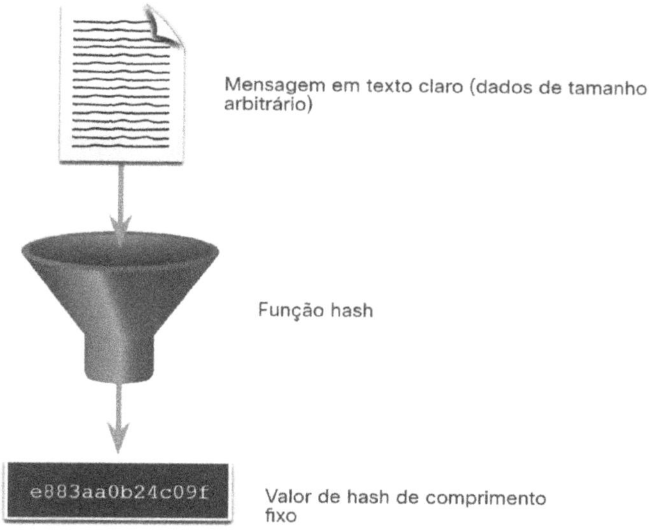

Mensagem em texto claro (dados de tamanho arbitrário)

Função hash

e883aa0b24c09f

Valor de hash de comprimento fixo

Fonte: (CISCO, 2020)

Com funções *hash*, é computacionalmente inviável que dois conjuntos diferentes de dados apresentem a mesma saída *hash*. Além disso, o valor do *hash* muda toda vez que é mudado ou alterado. Por causa disso, os valores de *hash* criptográficos são frequentemente chamados de "impressões digitais". Eles podem ser usados para detectar arquivos de dados duplicados, alterações de versão de arquivos e aplicativos semelhantes. Esses valores são usados para proteger contra uma alteração acidental ou intencional dos dados ou corrupção acidental dos dados.

A função *hash* criptográfico é aplicada em muitas situações diferentes para autenticação de entidade, integridade de dados e fins de autenticidade de dados.

Uma função *hash* criptográfica deve ter as seguintes propriedades:

- A entrada pode ser de qualquer comprimento.
- A saída tem sempre um comprimento fixo.
- **H(x)** é relativamente fácil de calcular para qualquer x dado.
- **H(x)** é unilateral e não reversível.
- **H(x)** é livre de colisões, o que significa que dois valores de entrada diferentes resultarão em valores de *hash* diferentes.

Se uma função *hash* é difícil de inverter, ela é considerada um *hash* unidirecional. Isso significa que dada um valor de *hash* **h**, é computacional inviável encontrar uma entrada para **x** tal que $h = H(x)$

Figura 50 – Operação da função *Hash*

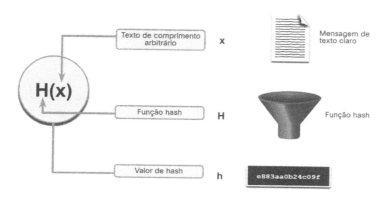

Fonte: (CISCO, 2021)

6.7 ASSINATURAS DIGITAIS

As assinaturas digitais são uma técnica matemática usada para fornecer autenticidade, integridade e não repúdio à informação. As assinaturas digitais utilizam criptografia assimétrica e possuem propriedades específicas que permitem autenticação de entidade e integridade de dados.

Em relação à autenticidade, a assinatura não pode ser falsificada e fornece prova de que o signatário, e ninguém mais, assinou o documento. Após a assinatura do documento, este não pode ser mais alterado. A assinatura de um documento não pode ser transferida para outro arquivo.

Além disso, as assinaturas digitais fornecem não repúdio da transação, ou seja, a assinatura digital serve como prova legal de que o intercâmbio de dados ocorreu. O documento assinado é não repudiado, pois equivale a um documento físico. A assinatura é a prova de que o documento foi assinado pela pessoa real.

As assinaturas digitais são comumente usadas nas duas situações a seguir: Assinatura de código e Certificados Digitais.

6.7.1 Assinatura de Código

Este tipo de assinatura digital é utilizado para fins de autenticação e integridade de dados. A assinatura de código é usada para verificar a integridade dos arquivos executáveis baixados do site de um fornecedor. Ele também usa certificados digitais assinados para autenticar e verificar a identidade do site que é a origem dos arquivos.

Após assinar digitalmente o código, são fornecidas as seguintes garantias sobre o código:

- O código é autêntico e é realmente originado pela editora.
- O código não foi modificado desde que saiu do editor do software.
- A editora publicou inegavelmente o código. Isso fornece não repúdio do ato de publicação.

Por exemplo, após o *download* de uma aplicação, os arquivos executáveis são empacotados em um envelope assinado digitalmente, o que permite ao usuário final verificar a assinatura antes de instalar o software.

6.7.2 Certificados Digitais

Certificados digitais são semelhantes a um cartão de identificação virtual e usados para autenticar a identidade do sistema com o site de um fornecedor e estabelecer uma conexão criptografada para trocar dados confidenciais. Com isso, usuários, *hosts* e organizações podem trocar informações com segurança pela Internet.

Especificamente, um certificado digital é usado para autenticar e verificar se um usuário que está enviando uma mensagem é quem afirma ser. Os certificados digitais também podem ser usados para fornecer confidencialidade ao receptor com os meios de criptografar uma resposta. Os certificados digitais são semelhantes aos certificados físicos em relação às informações que serão armazenadas.

Comparando a função de certificados digitais e assinaturas digitais, o certificado digital verifica de forma independente uma identidade. Por sua vez, assinaturas digitais são usadas para verificar se um artefato, como um arquivo ou mensagem, é enviado pelo indivíduo verificado. Resumindo, um certificado verifica a identidade e uma assinatura digital verifica se algo vem dessa identidade.

7. AUTORIZAÇÃO, AUTENTICAÇÃO E AUDITORIA (AAA)

Neste capítulo será abordado o processo de autenticação, analisas três instâncias: Autorização, Autenticação e Auditoria.

De acordo com Moraes (2010), para aumentar a eficiência, são necessárias, para o processo de autenticação confirmar o acesso de um usuário, três instâncias ou esferas. Estes três termos em inglês representados por *Authentication, Authorization, Accounting* e foram denominados de Triple A ou AAA. Com esse procedimento, é possível verificar se o acesso é autorizado, autêntico e auditado.

As soluções de AAA podem ser amplamente aplicadas em diversos tipos de rede como redes locais, intranets, extrates para acesso remoto e na Internet.

O AAA é uma tecnologia que permite a autenticação e a autorização dos usuários baseados no ID de usuário e na senha. O AAA pode ser configurado localmente em dispositivos de rede ou servidores AAA podem ser usados. A contabilidade pode registrar detalhes das sessões do usuário para fins de faturamento ou para visibilidade do comportamento do usuário.

7.1 COMPONENTES DO AAA

Os serviços de segurança de rede AAA fornecem a estrutura principal para configurar o controle de acesso em um dispositivo de rede. AAA é uma forma de controlar quem tem permissão para acessar uma rede (autenticação) e o que eles podem fazer enquanto estão lá (autorizar). O AAA também permite a auditoria das ações que os usuários executam ao acessar a rede (contabilidade).

A segurança AAA de rede e administrativa no ambiente de rede possui três componentes funcionais:

- **Autenticação –** Os usuários e administradores devem provar sua identidade antes de acessar os recursos da rede. A autenticação pode ser estabelecida usando combinações de nome de usuário e senha, perguntas e respostas de desafio, e outros métodos. Um exemplo é: "Eu sou usuário 'professor' e eu sei a senha para provar este fato".
- **Autorização –** Depois que o usuário é autenticado, os serviços de autorização determinam quais recursos o usuário pode acessar e quais operações o usuário tem permissão para realizar. Um exemplo é "O usuário 'professor' pode acessar o *host* serverABC usando apenas SSH."
- **Contabilidade e auditoria –** A contabilidade registra o que o usuário faz, incluindo o que é acessado, a quantidade de tempo que o recurso é acessado e todas as alterações feitas. A contabilidade controla como os recursos da rede são usados. Um exemplo é o usuário aluno acessado *host* serverXYZ usando SSH por 25 minutos.

7.2 AUTENTICAÇÃO

Administradores de rede e os usuários precisam comprovar sua identidade antes de acessar os recursos da rede e da rede. A autenticação é o processo para determinar se alguém (ou algo) é verdadeiramente quem (ou o que) afirma ser. Apesar de existem diversos métodos de autenticação, eles podem ser agrupados em três metodologias principais, como mostrado na tabela a seguir:

Tabela 11 – Metodologias de autenticação

Metodologia	Exemplos
Algo que você sabe	Senha, perguntas e respostas
Algo que você possui	Token, certificado digital
Algo que você é	Biometria

Fonte: Autor

O método mais conhecido e mais utilizado por empresas e na Internet é a autenticação por algo que você sabe, aplicando os conhecimentos prévios do usuário para que ele possa entrar em um sistema. Os elementos mais comuns são o *login* e senha de acesso. O *login*, que pode ser número ou nome, será armazenado no servidor de acesso do sistema de autenticação de usuário. O usuário irá cadastrar a própria senha, de forma que somente ele a conheça.

7.2.1 Configuração de Senhas

É importante usar senhas fortes para proteger dispositivos de rede. Estas são as diretrizes-padrão a serem seguidas:

- Use um comprimento de senha de pelo menos oito caracteres, de preferência 10 ou mais caracteres. Uma senha mais longa é uma senha mais segura.

- Use senhas complexas. Inclua uma combinação de letras maiúsculas e minúsculas, números, símbolos e espaços, se permitido.

- Evite as senhas com base em repetição, palavras comuns de dicionário, sequências de letras ou números, nomes de usuário, nomes de parentes ou de animais de estimação, informações biográficas, como datas de nascimento, números de identificação, nomes de antepassados ou outras informações facilmente identificáveis.

- Deliberadamente, soletre errado uma senha. Por exemplo, Silva = Sylva = Si1va ou Security = 5ecur1ty.

- Altere as senhas periodicamente. Se uma senha for comprometida de forma inconsciente, a janela de oportunidade para o agente de ameaças usar a senha é limitada.
- Não anote as senhas e muito menos as deixe em locais óbvios, como em sua mesa ou no monitor.

A tabela mostra exemplos de senhas fortes e fracas.

Senha Fraca	Por que ela é fraca?
Secret	Senha simples de dicionário
Pereira	Nome de solteira da mãe
Fiat	Fabricante de um carro
Jose1961	Nome e data de nascimento do usuário
Azulfolha23	Palavras e números simples

Senha Forte	Por que ela é forte?
K63n42e39c	Combina caracteres alfanuméricos
12^g u4@jp7	Combina caracteres alfanuméricos, símbolos e inclui um espaço

Um grave problema de segurança para esse método é a manutenção da senha em segredo. Caso o funcionário revele sua senha indevidamente, por exemplo, em ataques de engenharia social, esse sistema de autenticação não foi suficiente para proteger a rede. As políticas de segurança de informação das empresas preveem punições severas para colaboradores que tenham suas senhas descobertas por negligência ou que emprestem suas senhas de acesso.

Outra vulnerabilidade desse método é que para alguns sistemas de autenticação, as senhas trafegam na rede sem utilizar nenhuma criptografia. Caso um atacante esteja acessando a rede onde trafegue essa informação e utilizar tipo de ferramenta de análise de tráfego denominada *sniffer*, ele poderá ter as informações de acesso do usuário.

Uma forma menos rebuscada de ataque é o chamado ataque de força bruta, na qual o atacante determina um alvo e, com a utilização de um robô, testa milhares de senhas possíveis utilizando números sequenciais, palavras de dicionário, nome ou senhas padrões. Quando a senha escolhida pelo usuário for muito simples, ela pode ser quebrada em pouco tempo. Por essa razão, as empresas adotam políticas para criação e manutenção de senhas.

O método de autenticação por algo que você tem é baseado na posse de algum objeto, tal como um cartão, *token*, um aplicativo. Normalmente este método não é escolhido isoladamente, pois o objeto pode ser furtado ou repassado. Assim, é utilizada uma combinação de dois fatores de autenticação como senha e *token*.

Com a autenticação de duplo fator utilizando senha e *token*, mesmo que o fraudador obtenha a senha do usuário, ele não conseguirá acesso, pois é necessário informa o código que aparece no *token*. O código é aleatório e é válido por alguns segundos.

Por sua vez o método de autenticação por algo que você é emprega alguma característica física ou de comportamento de um indivíduo. Através do sistema biométrico é possível verificar e identificar uma pessoa, comparando a característica capturada com outras armazenadas anteriormente (MORAES, 2010, p. 53).

Nesse tipo de sistema, o usuário irá cadastrar suas características em um banco de dados e, no instante em que ocorre a leitura, as características são comparadas com o banco de dados. Ocorrendo a equivalência, existe a autenticação. O reconhecimento pode ser feito por impressão digital, retina, geometria das mãos, íris dos olhos, voz, face, assinatura, entre outros.

A autenticação pode ser estabelecida usando combinações de nome de usuário e senha, perguntas e respostas de desafio, *tokens* e outros métodos. Por exemplo: "Eu sou usuário 'estudante' e eu sei a senha para provar isso".

7.2.2 Métodos de autenticação

A autenticação AAA pode ser usada para autenticar usuários para o acesso administrativo ou pode ser usada para autenticar usuários para o acesso à rede remota. Existem dois métodos comuns para implementar os serviços AAA: Autenticação AAA Local e Autenticação AAA baseada em servidor.

Na Autenticação AAA local, o AAA local utiliza um banco de dados local para autenticação e esse método também é conhecido como autenticação independente. Este método armazena nomes de usuário e senhas localmente no roteador e os usuários são autenticados no banco de dados local. O AAA local é indicado para pequenas redes.

A figura a seguir mostra a operação em uma Autenticação AAA Local e consiste em interações entre um usuário remoto e um roteador.

Figura 51 – Autenticação AAA Local

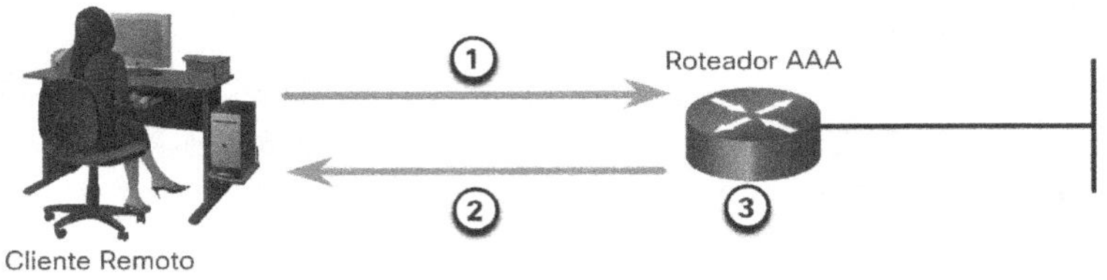

Fonte: (CISCO, 2021)

Na etapa 1, o cliente estabelece uma conexão com o roteador. Assim, na etapa 2, o roteador AAA solicita que o usuário forneça o nome de usuário e a senha. Após o usuário entrar com essas informações corretamente, na etapa 3, o roteador autentica o nome do usuário e a senha verificando o *login* com banco de dados local e o usuário obtém o acesso à rede com base nas informações do banco de dados local.

No método de Autenticação AAA baseada em servidor, o roteador irá acesso um servidor AAA, que possui todos os nomes de usuários e senha da rede. A comunicação entre o roteador e o servidor AAA poderá utilizar o protocolo padronizado RADIUS (*Remote Authentication Dial-In User Service*) ou, no caso do servidor AAA for equipamento da Cisco, poderá utilizar o protocolo TACACS+ (*Terminal Access Controller Access Control System*). Em uma arquitetura de rede na qual existam múltiplos roteadores e *switches*, o AAA baseado no servidor é mais apropriado, posto que as contas podem ser melhor administradas em um lugar central do que em dispositivos individuais.

A figura a seguir apresenta o processo de autenticação em baseada em servidor, que terá o cliente remoto, o roteador de AAA e o servidor de AAA como elementos integrantes desse processo.

Figura 52 – Autenticação AAA baseada em servidor

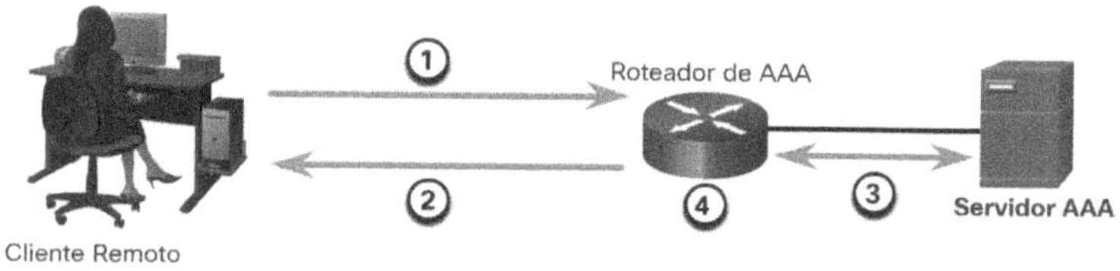

Fonte: (CISCO, 2021)

Inicialmente, o cliente estabelece uma conexão com o roteador, o qual irá solicitar o nome de usuário e a senha. Com essas informações, o roteador autentica o login do usuário com o servidor AAA. Por fim, o usuário terá acesso à rede baseado nas informações do servidor AAA.

Com o intuito de aumentar a segurança, pode ser implementado um sistema de autenticação multifator, que utiliza mais de um método de autenticação. O sistema multifator mais comum é a utilização de uma senha, algo que você sabe, e de um *token* digital, algo que você tem. Você pode criar seu próprio sistema de autenticação.

Sistemas mais críticos podem apresentar três fatores de autenticação: uma senha, a informação contida no *token* e a biometria como a impressão digital e o reconhecimento facial.

7.3 AUTORIZAÇÃO

Após a autenticação com êxito de um usuário na rede, inicia-se a etapa de Autorização que visa determinar quais os serviços e recursos de rede específicos que aquele usuário pode acessar.

O processo de Autorização AAA está representado na figura a seguir, na qual existe o cliente remoto, um roteador rotulado como Roteador de perímetro e um servidor rotulado como Servidor AAA.

Figura 53 – Autorização AAA

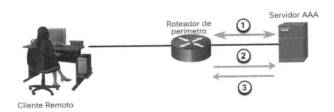

Fonte: (CISCO, 2021)

Após a autenticação do usuário, é estabelecida uma sessão entre o roteador e o servidor AAA. O roteador requisita a autorização para o serviço solicitado pelo cliente. Dependendo das permissões de acesso existentes para o usuário, o servidor AAA pode retornar com a aprovação ou reprovação para o serviço solicitado.

A autorização controla quais serviços os usuários podem e não podem realizar na rede depois de serem autenticados. A autorização é análoga aos níveis de privilégio em função dão aos usuários direitos e privilégios específicos a determinados comandos no roteador.

Tipicamente, a autorização é executada utilizando um servidor AAA. A autorização possui um conjunto de atributos que descrevem o acesso do usuário à rede. Esses atributos são comparados às informações contidas no banco de dados AAA e uma determinação das restrições para esse usuário é feita e entregue ao roteador local onde o usuário está conectado.

A autorização é automática e não há necessidade da realização de etapas adicionais por parte do usuário após a autenticação, sendo que a autorização é implementada imediatamente após a autenticação do usuário.

De acordo com (SEWAYBRIKER, 2018), existem diversas formas de autorização para o acesso às bases de dados e os métodos mais comuns são a autorização por serviços de diretório, autorização por *Login* único ou *Single sign-on* (SSO) e autorização por sistema de gerenciamento de contas ou *Account Management System* (AMS).

Na Autorização por serviços de diretório, são criadas pastas de acesso, representadas pelos diretórios, nas quais cada uma delas é referente a uma área de negócio ou diretoria da empresa. Afinal, certamente não será uma boa prática permitir que todos os colaboradores de uma empresa tenham acesso aos arquivos da folha de pagamento. Posteriormente, são criadas estruturas de diretórios, isto é, subpastas dentro da pasta principal. Cada usuário será integrante de um ou mais grupos com acesso aos diretórios criados.

Para simplificar o processo de *logon* dos usuários, permitindo que este tenha acesso a todos os seus recursos autorizados, é utilizada a autorização por *Login* único, em inglês, *Single sign-on* (SSO). Após a validação do acesso do usuário à rede, os demais acessos do usuário são liberados. Para esse tipo de autorização, é mandatória a proteção adequada da senha de acesso, já que existem riscos adicionais à segurança da informação.

Por sua vez, a autorização por sistemas de gerenciamento de contas ou *Account Management System* (AMS) define regra para o acesso aos recursos de sistemas e de redes. Este tipo de controle de acesso pode ser discricionário ou *Discretionary Access Control* (DAC) onde o proprietário do recurso, que pode ser um arquivo ou sistema, é o responsável pela atribuição de permissões de acesso.

A lista de controle de acesso ou *Access Control List* (ACL) estabelece quais usuários podem acessar um determinado recurso, as ações que são permitidas para o usuário, como leitura, escrita, e quais usuários são colocados em listas de bloqueio ou *blacklist*.

Outro modelo de AMS são as tabelas de capacidade ou controle de acesso baseado em atributos, nas quais o usuário recebe as capacidades, isto é, referências para acesso aos arquivos, que já incluem as permissões daquele usuário específico para o arquivo desejado.

O controle de acesso mandatório (MAC) aplica o controle de acesso mais rigoroso e é normalmente utilizado em aplicações militares ou de missão crítica. Este método atribui rótulos de nível de segurança às informações e os usuários somente terão acesso de acordo com o nível de segurança.

No modelo Controle de acesso baseado em regras (RBAC), a equipe de segurança de rede é responsável pela especificação de conjuntos de regras ou condições associadas ao acesso a informações ou sistemas. Tais regras podem estabelecer endereços IP permitidos ou negados, ou determinados protocolos e outras condições.

Outro tipo de controle de acesso (TAC) é baseado em tempos e permite o acesso a recursos da rede dependendo da hora ou do dia.

Outra abordagem de controle de acesso é o princípio do privilégio mínimo, na qual o usuário somente terá acesso aos recursos estritamente necessários para cumprir suas atividades. De acordo com (CISCO, 2020), "O princípio do privilégio mínimo afirma que os usuários devem receber a quantidade mínima de acesso necessária para desempenhar sua função de trabalho".

Analisando o ponto de vista do atacante, uma exploração frequente é conhecida como escalação de privilégios. Nesta operação, são exploradas vulnerabilidades em servidores ou sistemas de controle de acesso visando à concessão de níveis de privilégio mais elevados do que usuário não autorizado deveriam ter a um recurso ou processo de software. Após a atribuição do privilégio, o agente de ameaça pode acessar informações confidenciais ou assumir o controle de um sistema.

7.4   AUDITORIA

A etapa de Auditoria também pode ser denominada com Contabilidade, pois é uma tradução do termo em inglês *Accounting*. A Auditoria AAA realiza a coleta de dados sobre a utilização de recursos e prepara relatórios relacionados. Esses dados podem ser aplicados para propósitos como auditoria, por exemplo, o tempo que um usuário utilizou o sistema, ou faturamento, no caso da geração das contas de telefonia fixa ou celular pós-pago. Os dados coletados são armazenados em arquivos de ***logs* de acesso** e podem incluir o nome do usuário, os horários de início e término da conexão, o número de pacotes recebidos e transmitidos, o número de bytes e os comandos executados.

Para realizar a contabilidade, é necessário utilizar um servidor AAA. Estas estatísticas podem ser extraídas para criar relatórios detalhados sobre a configuração da rede.

Um uso amplamente difundido da contabilidade é combiná-lo com a autenticação AAA, isto pode contribuir para o gerenciamento de acesso a dispositivos pela equipe administrativa da rede. Os servidores AAA mantêm um registro detalhado de exatamente o que o usuário autenticado faz no dispositivo, o que fornece pode contribuir contra indivíduos que realizam ações maliciosas.

A figura a seguir apresenta o processo de Auditoria. Ao final da etapa de autenticação, é enviada uma mensagem para o servidor

AAA iniciar o processo de contabilização AAA. Quando o usuário finaliza a sessão, o processo de contabilização é encerrado.

Figura 54 – Auditoria AAA

Fonte: (CISCO, 2021)

São exemplos de informações coletadas por processo de contabilidade AAA:

- **Contabilidade de Redes**: Registros de uso para acesso à rede em diversas conexões de acesso remoto;
- **Contabilidade de Conexão**: Informações sobre todas as conexões de saídas feitas do usuário AAA, como SSH ou Telnet;
- **Contabilidade EXEC**: Informações sobre sessões do terminal EXEC do usuário no servidor de acesso à rede, identificando nome de usuário, horário de início e término da conexão e endereço IP do servidor de acesso;
- **Contabilidade de Sistema**: Eventos do sistema como reinicialização do sistema, ativação ou desativação da contabilidade;
- **Contabilidade de comandos**: Informações sobre os comandos realizados no servidor de acesso, contendo a lista de comandos para aquele nível de privilégio, a data e hora de execução dos comandos e o usuário que acionou o comando.

7.5 IMPLEMENTAÇÃO DE AAA

As implementações locais de AAA são aceitáveis em redes muito pequenas. No entanto, a autenticação local não é dimensionada bem.

Entretanto, a maioria dos ambientes corporativos tem vários roteadores, *switches* e outros dispositivos de infraestrutura, vários administradores de roteador e centenas ou milhares de usuários que precisam de acesso à LAN corporativa. Manter um banco de dados local em cada dispositivo para esse tamanho de rede não é viável.

Para resolver este desafio, um ou mais servidores AAA podem ser usados para gerenciar o usuário e as necessidades de acesso administrativo para toda uma rede corporativa. O software de servidor AAA pode criar um usuário central e um banco de dados administrativo do acesso a que todos os dispositivos na rede possam se referir. Ele também pode funcionar com muitos bancos de dados externos, incluindo o Active Directory e o LDAP (*Lightweight Directory Access Protocol).*

Esses bancos de dados armazenam informações de conta de usuário e senhas, permitindo a administração central de contas de usuário. Para aumentar a redundância, vários servidores podem ser implementados.

Em relação aos protocolos utilizados para AAA, TACACS e RADIUS são protocolos de autenticação usados para se comunicar com servidores AAA. Como apresentado na tabela a seguir, cada um suporta diferentes capacidades.

Tabela 12 – Comparativo dos protocolos RADIUS e TACACS+

Recursos	TACACS+	RADIUS
Funcionalidade	Separa o AAA de acordo com a arquitetura AAA, permitindo a modularidade da implementação do servidor de segurança	Combina autenticação e autorização, mas separa a contabilidade, permitindo menos flexibilidade na implementação do que o TACACS+
Padrão	Principalmente com suporte Cisco	Padrão aberto/RFC
Protocolo de transporte	TCP	UDP
CHAP	Desafio bidirecional e resposta conforme usado no Challenge Handshake Authentication Protocol (CHAP)	Desafio unidirecional e resposta do servidor de segurança RADIUS para o cliente RADIUS
Confidencialidade	Pacote inteiro criptografado	Senha criptografada
Personalização	Fornece autorização de comandos do roteador por usuário ou por grupo	Não tem opção para autorizar comandos de roteador por usuário ou por grupo
Contabilidade	Limitado	Abrangente

Fonte: (CISCO, 2021)

A escolha do protocolo para servidores AAA entre TACACS+ ou RADIUS depende das necessidades da empresa. Por exemplo, um provador de Internet pode selecionar o RADIUS, pois ele é compatível com a contabilização detalhada necessária para os usuários de faturamento. Por outro lado, uma empresa com vários grupos de usuários pode selecionar TACACS+, pois ele precisa da aplicação de políticas de autorização por usuário ou grupo.

Estes são três fatores críticos para TACACS+:

- Separa a autenticação e a autorização;
- Criptografa todas as comunicações;
- Utiliza a porta TCP 49.

Estes são quatro fatores críticos para RADIUS:

- Combina autenticação e autorização do RADIUS como um só processo;
- Criptografa apenas a senha;
- Utiliza UDP, como protocolo da camada de transporte;
- Suporta tecnologias de acesso remoto, 802.1X e SIP (*Session Initiation Protocol*).

Embora ambos os protocolos possam ser usados para comunicação entre um roteador e os servidores de AAA, o TACACS+ é considerado o protocolo mais seguro. Isto é porque todas as trocas de protocolo TACACS+ são criptografadas, enquanto o RADIUS criptografa apenas a senha do usuário. O RADIUS não criptografa nomes de usuário, informações de contabilização ou qualquer outra informação transmitida na mensagem do RADIUS.

8. TÉCNICAS DE TESTE DE SEGURANÇA DE REDES

A segurança das operações de redes se preocupa com as práticas diárias necessárias para primeiro implantar e depois manter um sistema seguro. Todas as redes estão vulneráveis a ataques se o planejamento, implementação, operações e manutenção da rede não seguirem as práticas de segurança operacional.

A segurança das operações começa com o processo de planejamento e implementação de uma rede. Nessas fases, a equipe de operações analisa projetos, identifica riscos e vulnerabilidades e faz as adaptações necessárias. As tarefas operacionais reais começam depois que a rede é configurada e incluem a manutenção contínua do ambiente. Essas atividades permitem que o ambiente, os sistemas e os aplicativos continuem a funcionar de maneira correta e segura.

Algumas técnicas de teste de segurança são predominantemente manuais e outras são altamente automatizadas. Independentemente do tipo de teste, a equipe que configura e conduz os testes de segurança deve ter um conhecimento significativo de segurança e rede nestas áreas:

- Sistemas operacionais;
- Programação básica;
- Protocolos de rede, como TCP / IP;
- Vulnerabilidades de rede e mitigação de risco;
- Endurecimento ou *Hardening* do dispositivo;
- *Firewalls;*
- IPSs.

8.1 FRAMEWORK DE CIBERSEGURANÇA DO NIST

O Instituto Nacional de Padrões e Tecnologia dos Estados Unidos da América (NIST), que possui funções similares à Associação Brasileira de Normas Técnica (ABNT), desenvolveu um guia de boas práticas de cibersegurança denominado *NIST Cybersecurity Framework* (CSF), que foi lançado em 2014 na versão 1.0. Em 2018, houve uma atualização desse *framework* na versão 1.1.

Este *framework* pode auxiliar o início do programa de cibersegurança ou a melhoria do plano existente, já que contempla práticas de efetividade conhecida. Este guia promove a comunicação sobre cibersegurança entre os interessados internos e externos de uma empresa, isto é, seus *stakeholders*.

O *Framework* está organizado em cinco (5) funções chaves que possibilitam uma visão abrangente sobre o ciclo de vida do gerenciamento de risco de cibersegurança. Essas funções estão listadas abaixo e ilustrada na Figura a seguir:

- Identificar (*Identify*);
- Proteger (*Protect*);
- Detectar (*Detect*);
- Responder (*Respond*);
- Recuperar (*Recover*).

Figura 55 – Funções do *Framework* NIST

Fonte: NIST (2021). Disponível em: https://nvlpubs.nist.gov/nistpubs/SpecialPublications/NIST.SP.1271pt.pdf. Acessado em 18 ago. 2022

O objetivo da etapa de Identificação é desenvolver um entendimento por toda a organização para gerenciar o risco de cibersegurança em relação aos sistemas, ativos, dados e capacidades. São exemplos de atividades realizadas nessa etapa: a identificação de processos e ativos críticos da empresa, a documentação dos fluxos de informação, a manutenção de um inventário de hardware e software e o estabelecimento de políticas para segurança cibernética com definição de funções e responsabilidades e a identificação de ameaças, vulnerabilidades e risco aos ativos. Dependendo do contexto da empresa, outras atividades podem ser incluídas.

No Pilar de Proteção, o foco está no desenvolvimento e implementação de medidas de segurança adequadas considerando a continuidade dos serviços entregues. O gerenciamento do acesso a ativos e informações através da criação de conta exclusivas para cada colaborador de forma a possibilitar o acesso do usuário aos dados e aplicações necessários para desempenhar sua função.

Na atividade de proteção de dados confidenciais, é atribuída uma atenção especial à criptografia para no envio e no armazenamento das informações. Outro requisito fundamental é a verificação da integridade dos dados visando realizar apenas as operações aprovadas sejam realizadas. Além do cuidado com a criação, manuseio e transmissão dos dados, é fundamental excluir com segurança os dados e destruir hardwares de armazenamento que não são mais necessários.

Outra atividade presente no guia como em recomendações de diversos especialistas da área de segurança cibernética é a realização de backups regularmente. Algumas soluções de software e de serviço em nuvem disponíveis para utilização possuem procedimentos que automatização o processo de backup.

Outra ação necessária é o gerenciamento das vulnerabilidades dos sistemas da empresa, sendo necessário habilitar a realização de atualizações automáticas de sistemas operacionais. A proteção dos dispositivos é essencial, por isso, é necessário considerar instalação de *firewalls* e desabilite recursos ou serviços que não sejam necessários para atendimento de funções essenciais.

Por fim, dado que o ser humano é o ponto mais frágil para a Segurança, o treinamento dos usuários é uma atividade obrigatória, para conscientizá-los das políticas e procedimentos de segurança cibernética.

8.2   TIPOS DE TESTES DE REDE

Depois que uma rede estiver operando, você deve conhecer seu status de segurança. Muitos testes de segurança podem ser realizados para avaliar o status operacional da rede:

- **Teste de penetração –** Testes de penetração de rede, ou testes de penetração, simulam ataques de fontes maliciosas. O objetivo é determinar a viabilidade de um ataque e as possíveis consequências se um ocorrer. Alguns testes de penetração podem envolver o acesso às instalações de um cliente e o uso de habilidades de engenharia social para testar sua postura geral de segurança.
- **Varredura de rede –** inclui software que pode fazer ping em computadores, verificar portas TCP de escuta e exibir quais tipos de recursos estão disponíveis na rede. Alguns softwares de varredura também podem detectar nomes de usuários, grupos e recursos compartilhados. Os administradores de rede podem usar essas informações para fortalecer suas redes.
- **Varredura de vulnerabilidade –** Inclui software que pode detectar fraquezas potenciais nos sistemas testados. Esses pontos fracos podem incluir configuração incorreta, senhas em branco ou padrão ou alvos potenciais para ataques DoS. Alguns softwares permitem que os administradores tentem travar o sistema através da vulnerabilidade identificada.
- **Cracking de senha –** Isso inclui software usado para testar e detectar senhas fracas que devem ser alteradas. As políticas de senha devem incluir diretrizes para evitar senhas fracas.
- **Revisão de log –** os administradores de sistema devem revisar os *logs* de segurança para identificar ameaças de segurança em potencial. O software de filtragem para varrer arquivos de *log* longos deve ser usado para ajudar a descobrir atividades anormais a serem investigadas.
- **Verificadores de integridade –** um sistema de verificação de integridade detecta e relatórios sobre mudanças no sistema. A maior parte do monitoramento concentra-se no sistema de arquivos. No entanto, alguns sistemas de verificação podem relatar atividades de *login* e *logout*.
- **Detecção de vírus –** O software de detecção de vírus ou *antimalware* deve ser usado para identificar e remover vírus de computador e outros *malwares*.

8.2.1 Modalidades de um Pentesting

O Teste de penetração possibilita uma compreensão profunda de como o ecossistema de TI pode ser violado. Ele usa uma combinação de ferramentas especializadas, um entendimento da abordagem de um *Black Hacker* e outras técnicas para obter resultados.

Além das ferramentas específicas de áreas de segurança, os computadores Linux geralmente contêm ferramentas de teste de penetração. Também conhecido como Pentesting, um teste de penetração é o processo de procurar vulnerabilidades em uma rede ou computador atacando-o. Geradores de pacotes, scanners de porta e explorações de prova de conceito são exemplos de ferramentas Pentesting.

Kali Linux é uma distribuição Linux que agrupa muitas ferramentas de penetração juntas em uma única distribuição Linux. Kali contém uma grande variedade de ferramentas prontas para utilização.

O Pentest se concentra em como uma ameaça ou pessoal mal-intencionada pode realmente violar os sistemas de TI por meio de um ataque direcionado.

É fundamental que em todos os tipos de ataque (*black*, *gray* ou *White* box) o *ethical hacker* obtenha autorização prévia. Existem três tipos de ataques:

Black box: nenhum conhecimento é fornecido ao atacante (*ethical hacker),* devendo este executar todas as etapas necessárias para obter acesso não autorizado a sistemas ou dados.

Gray box: conhecimento ou acessos parciais se aplicam neste tipo de ataque. Assim, poderíamos considerar, por exemplo, um usuário que tem acesso não privilegiado a um sistema e que busca elevar seus privilégios de forma não autorizada, como um tipo de ataque *gray box*.

White box: neste tipo de ataque, que se confunde mais com uma análise exploratória, privilégios são concedidos, por exemplo, ao código fonte de uma aplicação, e o *ethical hacker* busca vulnerabilidades que possam ser futuramente corrigidas.

Seja este integrante de uma empresa contratada (*pen tester*) ou os próprios funcionários da empresa, tal autorização deve ser concedida por escrito, delimitar escopos e ações a serem tomadas por este no caso da descoberta de vulnerabilidades.

É fundamental que o *ethical hacker* comunique à empresa, através dos canais estabelecidos, a descoberta de tais vulnerabilidades. De forma alguma o *ethical hacker* deve tornar pública as suas descobertas (vulnerabilidades) atreladas à empresa alvo.

Figura 56 – Comparativo em *Black Box, Gray Box e White Box*

Fonte: (GIACOMO, 2021)

8.2.2 Aplicação dos resultados de teste de redes

Os resultados dos testes de segurança de rede podem ser usados de várias maneiras:

- Para definir as atividades de mitigação para abordar as vulnerabilidades identificadas.

- Como referência para rastrear o progresso de uma organização no cumprimento dos requisitos de segurança.
- Para avaliar o status de implementação dos requisitos de segurança do sistema.
- Para realizar análises de custos e benefícios para melhorias na segurança da rede.
- Para aprimorar outras atividades, como avaliações de risco, certificação e autorização (C&A) e esforços de melhoria de desempenho.
- Como ponto de referência para ação corretiva.

8.3   FERRAMENTAS DE TESTE DE REDE

Existem muitas ferramentas disponíveis para testar a segurança de sistemas e redes. Algumas dessas ferramentas são de código aberto, enquanto outras são ferramentas comerciais que requerem licenciamento.

As ferramentas de software que podem ser usadas para realizar testes de rede incluem:

- **Nmap / zenmap** – é usado para descobrir computadores e seus serviços em uma rede, criando, portanto, um mapa da rede.
- **SuperScan** – Este software de varredura de porta é projetado para detectar as portas TCP e UDP. Determine quais serviços estão sendo executados nessas portas e execute consultas, como pesquisas Whois, Ping, Traceroute e Host-Name.
- **SIEM (gerenciamento de eventos de informação de segurança)** – Esta é uma tecnologia usada em organizações corporativas para fornecer relatórios em tempo real e análise de longo prazo de eventos de segurança.
- **GFI Languard** – Este é um scanner de rede e segurança que detecta vulnerabilidades.

- **TripWire** – Esta ferramenta avalia e valida configurações de TI contra políticas internas, padrões de conformidade e as melhores práticas de segurança.
- **Nessus** – Este é um software de varredura de vulnerabilidade, com foco em acesso remoto, configurações inadequadas e ataques DoS contra a pilha TCP / IP.
- **L0phtcrack** – Este é um aplicativo de auditoria e recuperação de senha.
- **Metaploit** – Esta ferramenta fornece informações sobre vulnerabilidades e ajuda em testes de penetração e desenvolvimento de assinaturas de IDs.

> **Nota:** As ferramentas de teste de rede evoluem em um ritmo rápido. A lista anterior inclui ferramentas legadas e sua intenção é fornecer uma consciência dos diferentes tipos de ferramentas disponíveis.

8.4 SIEM

O SIEM (*Security Information Event Management*) é uma tecnologia usada em organizações empresariais para fornecer relatórios em tempo real e análise de longo prazo de eventos de segurança. O SIEM evoluiu de dois produtos anteriormente separados: Security Information Management (SIM) e Security Event Management (SEM). O SIEM pode ser implementado como software ou como um serviço gerenciado.

SIEM combina as funções essenciais de SIM e SEM para fornecer:

- **Correlação** – Examina *logs* e eventos de sistemas ou aplicativos diferentes, acelerando a detecção e reação às ameaças de segurança.

- **Agregação** – A agregação reduz o volume de dados de eventos consolidando registros de eventos duplicados.
- **Análise Forense** – A capacidade de pesquisar *logs* e registros de eventos de fontes em toda a organização fornece informações mais completas para análise forense.
- **Retenção** – O relatório apresenta os dados de eventos correlacionados e agregados em monitoramento em tempo real e resumos de longo prazo.

Outra funcionalidade do SIEM é fornecer detalhes sobre a fonte de atividade suspeita, incluindo:

- Informações do usuário (nome, status de autenticação, localização, grupo de autorização, status de quarentena)
- Informações do dispositivo (fabricante, modelo, versão do sistema operacional, endereço MAC, método de conexão de rede, localização)
- Informações sobre postura (Conformidade do dispositivo com a política de segurança corporativa, versão antivírus, *patches* do sistema operacional, conformidade com a política de gerenciamento de dispositivos móveis).

Usando essas informações, os engenheiros de segurança de rede podem avaliar rapidamente e precisar avaliar a importância de qualquer evento de segurança e responder às perguntas críticas:

- Quem está associado a este evento?
- É um usuário importante com acesso à propriedade intelectual ou informações confidenciais?
- O usuário está autorizado a acessar esse recurso?
- O usuário tem acesso a outros recursos confidenciais?
- Que tipo de dispositivo está sendo usado?
- Esse evento representa um problema de conformidade em potencial?

9. PRIVACIDADE E SEGURANÇA EM DISPOSITIVOS MÓVEIS

Neste capítulo, serão apresentados aspectos legais e éticos e a questão de privacidade em dispositivos móveis.

9.1 ASPECTOS LEGAIS E ÉTICOS

Segundo (STALLINGS, 2008), **Crimes de computador**, ou **cibercrimes**, são nomes usados de modo geral para descrever atividade criminal na qual computadores ou redes de computadores são uma ferramenta, um alvo ou um lugar de atividade criminal.

O termo cibercrime possui uma conotação de utilização de redes especificamente, ao passo que a expressão *crime de computador* pode ou não envolver redes.

O Departamento de Justiça dos Estados Unidos categoriza crimes de computador com base no papel que o computador desempenha na atividade criminal, da seguinte maneira:

Computadores como alvos: Essa forma de crime visa um sistema de computador, para adquirir informações armazenadas no sistema de computador, controlar o sistema-alvo sem autorização ou pagamento (roubo de serviço) ou alterar a integridade dos dados, ou interferir na disponibilidade do computador ou servidor. Essa forma de crime envolve ataque à integridade de dados, integridade de sistemas, confidencialidade, privacidade ou disponibilidade de dados.

Computadores como dispositivos de armazenamento: Os computadores podem ser usados para promover atividade ilegal mediante a utilização de um computador ou de um dispositivo de computação como meio de armazenamento passivo. Por exemplo, o computador pode ser usado para armazenar listas de senhas roubadas, números de cartões de crédito ou cartões de telefone, informações pertencentes a corporações, arquivos de imagens pornográficas ou "warez" (softwares comerciais pirateados).

Computadores como ferramentas de comunicação: Muitos dos crimes dentro dessa categoria são simplesmente crimes tradicionais cometidos *online*. Entre os exemplos citamos a venda ilegal de medicamentos controlados, substâncias controladas, álcool e armas de fogo; fraude; apostas e pornografia infantil.

9.2   PRIVACIDADE DIGITAL

Uma questão que se sobrepõe consideravelmente à segurança de computadores é a privacidade. Por um lado, a escala e a interconectividade de informações pessoais coletadas e armazenadas aumentaram drasticamente, motivadas pela aplicação de leis, segurança nacional e incentivos econômicos. Os últimos fatores mencionados têm sido talvez a principal força motriz para essa tendência. Em uma economia de informações globais, é provável que o ativo eletrônico mais valioso em termos econômicos seja a agregação de informações sobre indivíduos. Por outro lado, os indivíduos ficam cada vez mais conscientes da extensão do acesso que órgãos governamentais, empresas e usuários da Internet têm às suas informações pessoais e a detalhes privados de sua vida e atividades.

Preocupações com o grau de comprometimento da privacidade pessoal já alcançado e que ainda pode ser alcançado resultaram em uma variedade de abordagens legais e técnicas para reforçar os direitos à privacidade.

9.3 SEGURANÇA EM DISPOSITIVOS MÓVEIS

De forma similar aos computadores, dispositivos móveis tais como *tablets, smartphones,* telefones celulares, também podem ser alvos de práticas de atividades maliciosas como furto de informações, propagação de códigos maliciosos ou participar de *botnets,* sendo utilizado para disparo de ataque na web.

Deve-se considerar as características próprias destes dispositivos móveis que ficam cada vez mais atraentes a pessoas mal-intencionadas como vasta quantidade de informações pessoais armazenadas, quantidade de aplicações desenvolvidas por terceiros, maior possibilidade de perda e furto e rapidez de substituição de modelos, sem o devido cuidado no descarte e em apagar as informações contidas no dispositivo.

9.3.1 Grayware e SMiShing

O *grayware* está se tornando uma área de problema na segurança móvel com a popularidade dos *smartphones. Grayware* inclui aplicativos que se comportam de modo incômodo ou indesejável. O *grayware* pode não ter *malware* reconhecível oculto nele, mas ainda pode ser um risco ao usuário. Por exemplo, o *Grayware* pode rastrear a localização do usuário. Os autores do *Grayware* geralmente mantêm a legitimidade, incluindo recursos do aplicativo nas letras miúdas do contrato de licença de software. Os usuários instalam muitos aplicativos móveis sem pensar realmente em seus recursos.

SMiShing é abreviação do SMS *phishing.* Ele usa o Serviço de mensagens curtas (SMS) para enviar mensagens de texto falsas. Os criminosos fazem com que o usuário acesse um site ou ligue para um telefone. As vítimas enganadas podem fornecer informações confidenciais, como os dados de cartão de crédito. O acesso a um site pode resultar em *download* de *malware* que invade o dispositivo, sem o conhecimento do usuário.

9.3.2 Access points não autorizados

Um *access point* não autorizado é um *access point* sem fio instalado em uma rede segura sem autorização explícita. Um *access point* não autorizado pode ser configurado de duas maneiras. A primeira é quando um funcionário bem-intencionado que tenta ser útil, facilitando a conexão de dispositivos móveis. A segunda maneira é quando um criminoso obtém acesso físico a uma empresa e discretamente instala o *access point* não autorizado. Como não são autorizados, ambos representam riscos para a empresa.

Um *access point* não autorizado também pode se referir ao *access point* de um criminoso. Neste caso, o criminoso configura o *access point* como um dispositivo de MitM para capturar as informações de login dos usuários.

Um ataque de Evil Twin usa o *access point* do criminoso, aprimorado com antenas de maior potência e maior ganho, para parecer uma melhor opção de conexão para os usuários. Depois que os usuários se conectam ao *access point* do invasor, os criminosos podem analisar o tráfego e executar ataques de MitM.

9.3.3 Congestionamento de RF

Os sinais sem fio são suscetíveis à interferência eletromagnética (EMI), interferência de rádio frequência (RFI) e podem até ser suscetíveis a relâmpagos ou ruídos de luzes fluorescentes. Sinais sem fio também são suscetíveis a congestionamento deliberado. O congestionamento de radiofrequência (RF) interfere na transmissão de uma estação de rádio ou satélite, para que o sinal não alcance a estação de recepção.

A frequência, modulação e potência do interferidor de RF precisam ser iguais às do dispositivo que o criminoso deseja corromper, para congestionar com sucesso o sinal sem fio.

9.3.4 Bluejacking e Bluesnarfing

Bluetooth é um protocolo de curto alcance e baixa potência. O Bluetooth transmite dados em uma rede de área pessoal ou *Personal Area Network* (PAN) e pode incluir dispositivos como telefones celulares, *notebooks* e impressoras. O Bluetooth já passou por várias versões. A configuração fácil é uma característica do Bluetooth, portanto, não há necessidade de endereços de rede. O Bluetooth usa emparelhamento para estabelecer a relação entre os dispositivos. Ao estabelecer o emparelhamento, ambos os dispositivos usam a mesma chave de acesso.

O Bluetooth tem vulnerabilidades, porém a vítima e o invasor precisam estar dentro do alcance um do outro, devido ao alcance limitado do Bluetooth.

- *Bluejacking* é o termo usado para enviar mensagens não autorizadas para outro dispositivo Bluetooth. Uma variação disso é enviar uma imagem chocante para o outro dispositivo.
- O *bluesnarfing* ocorre quando o invasor copia as informações da vítima no dispositivo dela. Essas informações podem incluir e-mails e listas de contato.

9.3.5 Ataques de WEP e WPA

Wired Equivalent Privacy (WEP) é um protocolo de segurança que tentou fornecer uma rede de área local sem fio (WLAN) com o mesmo nível de segurança de uma LAN com fio. Como as medidas de segurança físicas ajudam a proteger uma LAN com fio, o WEP procura fornecer proteção similar para dados transmitidos pela WLAN com criptografia.

O WEP usa uma chave de criptografia. Não há provisão para gerenciamento de tecla com WEP, então o número de pessoas que compartilham a chave continuará a crescer. Desde que todo mundo está usando a mesma chave, o criminoso tem acesso a uma grande quantidade de tráfego para ataques analíticos.

O WEP também tem vários problemas com o seu vetor de inicialização (IV), que é um dos componentes do sistema criptográfico:

- É um campo de 24 bits, que é muito pequeno.
- É um texto desprotegido, o que significa que é legível.
- É estático para que fluxos de chave idênticos se repitam em uma rede dinâmica.

O *Wi-Fi Protected Access* (WPA) e, em seguida, o WPA2 surgiram como protocolos melhorados para substituir o WEP. O WPA2 não tem os mesmos problemas de criptografia, pois um invasor não pode recuperar a chave pela observação do tráfego. O WPA2 está suscetível ao ataque porque os criminosos virtuais podem analisar os pacotes transmitidos entre o *access point* e um usuário legítimo. Os criminosos virtuais usam um analisador de pacote e, em seguida, executa os ataques *off-line* na frase secreta.

9.3.6 Defesa contra ataques a dispositivos móveis e sem fio

Há várias etapas a serem seguidas para defesa contra os ataques ao dispositivo sem fio e móvel. A maioria dos produtos WLAN usa configurações padrão. Utilize os recursos de segurança básicos sem fio, como autenticação e criptografia, ao alterar as configurações padrão.

Colocação de *access point* restrito com a rede ao posicionar esses dispositivos fora do *firewall* ou dentro de uma zona desmilitarizada (DMZ) que contenha outros dispositivos não confiáveis como e-mail e servidores da Web.

As ferramentas WLAN, como NetStumbler, podem descobrir os *access points* e estações de trabalho não autorizados. Desenvolva uma política de convidado para abordar a necessidade de os convidados legítimos precisarem se conectar à Internet durante a visita. Para funcionários autorizados, utilize uma rede privada virtual de acesso remoto (VPN) para acesso WLAN.

9.3.7 Quebra de senha de acesso à rede Wi-Fi

A quebra de senha de acesso à rede Wi-Fi é o processo de descobrir a senha usada para proteger uma rede sem fio. Estas são algumas técnicas usadas na quebra de senha:

Engenharia social – o invasor manipula uma pessoa que conhece a senha para fornecê-la.

Ataques de força bruta – o invasor tenta várias senhas possíveis na tentativa de adivinhar a correta. Se a senha for um número de 4 dígitos, por exemplo, o invasor precisaria tentar cada uma das 10.000 combinações. Ataques de força bruta, normalmente, envolvem um arquivo de lista de palavras. É um arquivo de texto contendo uma lista de palavras tiradas de um dicionário. Um programa tenta, então, cada palavra e combinações comuns. Como os ataques de força bruta levam tempo, senhas complexas demoram mais tempo para serem descobertas. Algumas ferramentas de senha de força bruta incluem Ophcrack L0phtCrack, THC-Hydra, RainbowCrack e Medusa.

Sniffing de rede – ao ouvir e capturar pacotes enviados na rede, um invasor poderá descobrir a senha, se ela estiver sendo enviada sem criptografia (em texto sem formatação). Se a senha for criptografada, o invasor ainda poderá revelá-la usando uma ferramenta de quebra de senha.

9.4 SEGURANÇA EM AMBIENTES EM NUVEM

Dentre os movimentos de transformação digital ocorridos nos últimos anos, um destaque é a migração para estruturas de dados e aplicativos de ambientes privativos para ambientes de computação em nuvem ou *cloud computing*. Existem variados objetivos para essa migração, tais como a necessidade de aumentar a eficiência dos processos computacionais ou, até mesmo, a própria manutenção do negócio.

De acordo com AWS (2021), a computação em nuvem é a entrega de recursos de TI sob demanda por meio da Internet, com definição de preço de pagamento conforme a utilização de recursos. Em vez de adquirir, operar e manter *data centers* e servidores físicos, a empresa pode acessar serviços de tecnologia, como capacidade computacional, armazenamento e bancos de dados, conforme a necessidade, usando um provedor de nuvem, por exemplo, o Microsoft Azure, a Amazon Web Services (AWS) e Google Cloud Plataform (GCP).

No cenário atual, ocorreu um aumento significativo nos investimentos na contratação de serviços e fornecedores ligados a tecnologia em nuvem e a computação em nuvem está relacionada com as principais tecnologias que permitem a inovação nas empresas.

De acordo com a 3ª Pesquisa de Cibersegurança da empresa Tempest (TEMPEST, 2022), especializada em cibersegurança e prevenção a fraudes digitais, a computação em nuvem representa uma ferramenta de suma importância para os negócios e, simultaneamente, um dos principais desafios dos executivos de segurança de informação ou, em inglês, Chief Information Security Officers (CISOs) e dos times de segurança nos últimos anos.

Existem organizações que assumem, equivocadamente, que ao contratar um provedor de nuvem pública, este provedor se torna automaticamente responsável por todas as informações que forem armazenadas em seu *data center*. Mas, como podemos observar a seguir há uma grande diferença no que tange à responsabilidade pela criação, sustentação e gestão de recursos entre o ambiente *on-premises* e o ambiente *cloud*.

Os provedores *cloud* normalmente denominam essa matriz de responsabilidades de Modelo de Responsabilidade Compartilhada. Para cada tipo de serviço adotado na *cloud*, seja ele IaaS, PaaS ou SaaS, o cliente e o fornecedor terão responsabilidades distintas. computação em nuvem, a empresa deve utilizar procedimentos e equipamentos para a segurança dos dados.

9.4.1 Proteções de tecnologia baseadas na nuvem

As tecnologias baseadas na nuvem mudam o componente de tecnologia da organização para o provedor de nuvem. Os três principais serviços de computação em nuvem são:

- **Software como serviço ou *Software as a Service* (SaaS)** permite aos usuários ter acesso a bancos de dados e software de aplicativo. Os provedores de nuvem gerenciam a infraestrutura. Os usuários armazenam dados nos servidores do provedor de nuvem.

- **Infraestrutura como serviço ou *Infrastructure as a Service* (IaaS)** fornece recursos de computação virtualizados pela Internet. O provedor hospeda o hardware, o software, os servidores e os componentes de armazenamento.

- **Plataforma como Serviço ou *Platform as a Service* (PaaS)** proporciona acesso a ferramentas e serviços de desenvolvimento usados para entregar os aplicativos.

Os provedores de serviços de nuvem ampliaram essas opções para incluir *IT as a Service* (ITaaS), que proporciona suporte para os modelos de serviço IaaS, PaaS e SaaS. No modelo ITaaS, a empresa contrata serviços individuais ou em pacote com o provedor de serviços em nuvem.

Provedores de serviços de nuvem usam dispositivos de segurança virtual que são executados dentro de um ambiente virtual com um sistema operacional pré-preparado em pacotes, codificado, sendo executado em hardware virtualizado.

10. ATUAÇÃO PROFISSIONAL EM SEGURANÇA CIBERNÉTICA

A maior parte das grandes empresas possui áreas responsáveis pela segurança de informação na empresa, que usualmente é denominada Centro de Operações de Segurança ou *Security Operation Center* (SOC). Com a necessidade de criação de aplicações seguras, as empresas agruparam as funções de desenvolvimento, operações e segurança formando a *DevSecOps*, um conjunto de princípios e práticas que contribuem com as empresas na proteção do software desenvolvido, da infraestrutura, dos aplicativos e dos dados da empresa.

10.1   TIMES DE SEGURANÇA DE INFORMAÇÃO

Uma forma de organizar os procedimentos de segurança e de implementá-los são através de times de segurança,

Times de segurança da informação são uma forma de organizar procedimentos de segurança e implementá-los no decorrer do ciclo de desenvolvimento de software, ao invés de apenas no final. Além disso, os times ajudam a integrar e educar desenvolvedores a programar com segurança.

A americana April C. Wright (WRIGHT, 2017) propôs uma divisão por cores dos times de segurança, que utiliza as cores primárias (Amarelo, Vermelho e Azul). A Combinação de duas cores primárias gera uma cor secundária, por exemplo, Azul e Amarelo geram Verde, Amarelo e Vermelho geram Laranja e juntando Azul com Vermelho, resulta na cor roxa.

Figura 57 – Times de Segurança

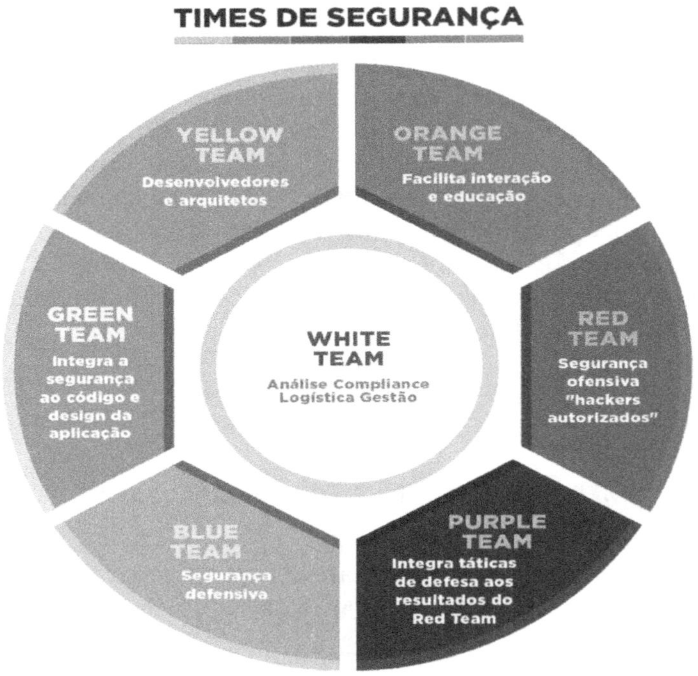

TIMES DE SEGURANÇA

YELLOW TEAM
Desenvolvedores e arquitetos

ORANGE TEAM
Facilita interação e educação

GREEN TEAM
Integra a segurança ao código e design da aplicação

WHITE TEAM
Análise Compliance Logística Gestão

RED TEAM
Segurança ofensiva "hackers autorizados"

BLUE TEAM
Segurança defensiva

PURPLE TEAM
Integra táticas de defesa aos resultados do Red Team

Fonte: https://solvimm.com/blog/os-times-de-seguranca-da-informacao/
Acesso em 11 dez. 2022.

Time Vermelho – *Red Team*

O time vermelho é constituído por *"hackers* autorizados" e realizam a Segurança Ofensiva. Eles possuem autorização da organização para realizar qualquer técnica de segurança ofensiva como testes de penetração, teste *black-box*, engenharia social, entre outros. O papel dele é encontrar vulnerabilidades na aplicação que podem ser exploradas para fins maliciosos. Para isso, esse time usa técnicas de ataque com autorização da organização e mapeia as vulnerabilidades encontradas para serem corrigidas. É muito melhor que a descoberta da vulnerabilidade seja realizada pelo Time Vermelho do que ser descoberta por um atacante externo.

Time Azul – *Blue Team*

Enquanto o time vermelho é responsável por atacar a aplicação da empresa para expor vulnerabilidades, o time azul tem o papel de defender e antecipar os ataques externos à aplicação da empresa, implementando a Segurança Defensiva. Esse time é responsável pela manutenção da segurança de toda a infraestrutura da organização e suas funções compreendem o mapeamento de riscos, controle de danos, gerenciamento de *logs*, resposta a incidentes e segurança operacional.

Time Amarelo – *Yellow Team*

O time amarelo é formado por criadores de códigos, programadores, desenvolvedores de aplicação, engenheiros de software e arquitetos de software. Este time foi introduzido por (WRIGHT, 2017). Suas funções envolvem o desempenho do *back-end*, as funcionalidades da aplicação e a experiência do usuário. A introdução desse time é representa uma forma de quebrar barreiras entre os defensores da segurança e ou criadores de Software.

Time Roxo – *Purple Team*

O time roxo consiste nas atividades combinadas entre os times azul e vermelho. O objetivo primário desse time é maximizar os resultados do time vermelho e melhorar a capacidade de resposta a incidentes do time azul. Assim, o time roxo integra os resultados dos testes de segurança à capacidade de defesa da organização, pois poderá construir defesas mais adequadas para suas vulnerabilidades.

Time Laranja – *Orange Team*

As interações entre os times vermelho e amarelo são as partes integrantes desse time. Essas interações são importantes para educar desenvolvedores a programar com segurança, pois ao construir aplicações seguras, o trabalho de manter a segurança será facilitado. Como as atividades do time vermelho envolvem atacar a aplicação construída pelo time amarelo e expor vulnerabilidades atuais, as interações entre os dois times tendem a ser reativas: os problemas encontrados pelo time vermelho retornam para o amarelo, cuja função será resolvê-los.

Idealmente, a implementação de um time laranja pressupõe uma atitude mais proativa por parte dos programadores. Ao aprender com o time vermelho sobre vulnerabilidades que podem ser evitadas no nível de código, menos problemas serão detectados pelos *"hackers* autorizados" e, consequentemente, menos tempo será dispendido pelos dois times no futuro.

Time Verde – *Green Team*

O time verde está relacionado com a comunicação entre os times amarelo e azul. O objetivo desse time é melhorar as defesas baseadas em código e design da aplicação. Para isso acontecer, é necessário *feedback* do time azul em relação à aplicação e do compartilhamento de limitações do software por parte do time amarelo. Essas interações contribuem para a identificação vulnerabilidades e montagem de estratégias de defesa já no início do ciclo de desenvolvimento da aplicação.

Time Branco – *White Team*

O time branco é responsável por sustentar os padrões de segurança exigidos por auditores internos e externos, tais como PCI, ISO 27001, e pelas políticas e requerimentos do negócio. Esse é um time neutro, por isso tem cor neutra e é responsável por organizar os demais times, planejar e monitorar o seu progresso, além de definir regras de engajamento.

A implementação do "círculo cromático da segurança" é um investimento de tempo, conhecimento e retenção de talentos. Afinal, ela envolve uma mudança de cultura em relação aos papéis do time de desenvolvimento e do time de segurança durante o ciclo de construção e operação da aplicação. No entanto, a médio e longo prazo, esse investimento traz resultados significativos no que diz respeito ao tempo de produção de aplicações seguras e à reputação da organização.

Figura 58 – Funções dos times de segurança

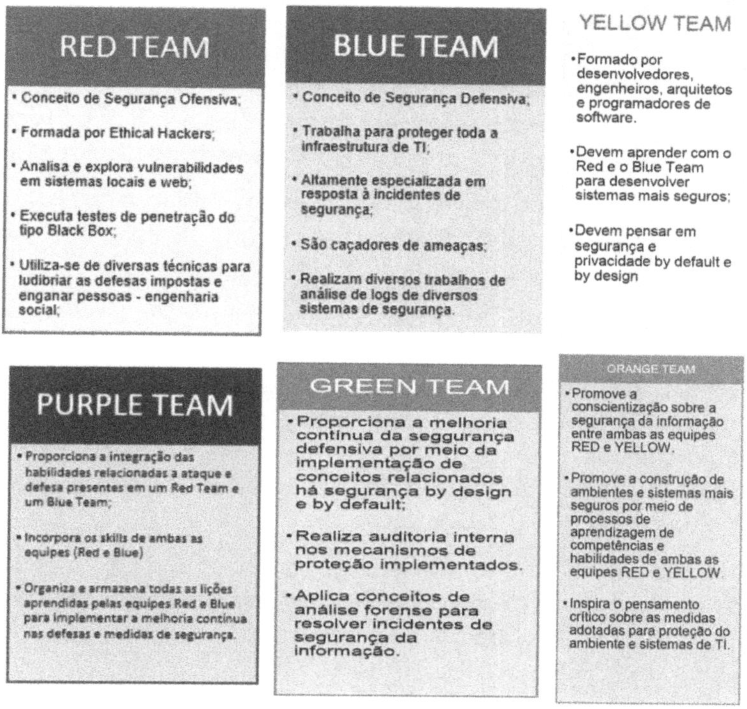

RED TEAM

* Conceito de Segurança Ofensiva;
* Formada por Ethical Hackers;
* Analisa e explora vulnerabilidades em sistemas locais e web;
* Executa testes de penetração do tipo Black Box;
* Utiliza-se de diversas técnicas para ludibriar as defesas impostas e enganar pessoas - engenharia social;

BLUE TEAM

* Conceito de Segurança Defensiva;
* Trabalha para proteger toda a infraestrutura de TI;
* Altamente especializada em resposta à incidentes de segurança;
* São caçadores de ameaças;
* Realizam diversos trabalhos de análise de logs de diversos sistemas de segurança.

YELLOW TEAM

* Formado por desenvolvedores, engenheiros, arquitetos e programadores de software.
* Devem aprender com o Red e o Blue Team para desenvolver sistemas mais seguros;
* Devem pensar em segurança e privacidade by default e by design

PURPLE TEAM

* Proporciona a integração das habilidades relacionadas a ataque e defesa presentes em um Red Team e um Blue Team;
* Incorpora os skills de ambas as equipes (Red e Blue)
* Organiza e armazena todas as lições aprendidas pelas equipes Red e Blue para implementar a melhoria contínua nas defesas e medidas de segurança.

GREEN TEAM

* Proporciona a melhoria contínua da segurança defensiva por meio da implementação de conceitos relacionados há segurança by design e by default;
* Realiza auditoria interna nos mecanismos de proteção implementados.
* Aplica conceitos de análise forense para resolver incidentes de segurança da informação.

ORANGE TEAM

* Promove a conscientização sobre a segurança da informação entre ambas as equipes RED e YELLOW.
* Promove a construção de ambientes e sistemas mais seguros por meio de processos de aprendizagem de competências e habilidades de ambas as equipes RED e YELLOW.
* Inspira o pensamento crítico sobre as medidas adotadas para proteção do ambiente e sistemas de TI.

Fonte: Adaptado de (JACOMO, 2021)

10.2 DIFERENÇA ENTRE RED TEAM E PENTESTER

O profissional de cibersegurança deve ser capaz de considerar a ocorrência de um ataque cibernético, isto é, uma ameaça, além de reconhecer o que torna um alvo susceptível a um ataque, ou seja, uma vulnerabilidade e entender os diferentes tipos de ataques e seus efeitos.

Pen Tester ou *penetration tester* é o profissional ou equipe de profissionais que são contratados para executar testes de penetração. Tais testes usualmente são amparados por contratos, que tem escopo, tempo e custo bem definidos.

Red team pode ser entendido como a equipe de segurança ofensiva de uma empresa. O trabalho executado por um *red team* é análogo ao *pen tester*, no entanto, se difere pelo fato de ser contínuo. Na maioria dos casos, o *red team* é composto por funcionários da empresa onde se executam os testes de penetração. Usualmente, o *red team* é presente em empresas de grande porte.

Ethical Hacker é o indivíduo que atua em *red team* ou em consultorias/empresas que prestam serviços (*pen testers*) de forma ética e, portanto, consensual.

Outra atuação de um *Ethical Hacker* é a inscrição em plataformas de Bug Bounty. Tais plataformas recompensam os usuários que encontram vulnerabilidades em sistemas de empresas participantes de programas de Bug Bounty, que autorizam a utilização de seus sistemas para detecção de vulnerabilidade. Existem programas de Bug Bounty abertos nos quais qualquer profissional pode participar.

Conforme o usuário começa a ganhar reputação em uma plataforma pública de Bug Bounty, o *hacker* ético pode ser convidado para participar de uma plataforma privada.

10.3 IMPLEMENTAÇÃO DE EDUCAÇÃO E TREINAMENTO EM SEGURANÇA CIBERNÉTICA

Para ter a rede corporativa segura, não basta investir milhões de reais em tecnologia, se as pessoas forem o elo mais fraco no esforço de qualquer empresa para proteger os seus dados. Um programa de conscientização sobre segurança é extremamente importante para uma organização. Um funcionário pode não ser intencionalmente malicioso, mas simplesmente desconhecer quais são os procedimentos adequados. Há várias formas de implementar um programa de treinamento formal:

- Torne o treinamento de conscientização de segurança uma parte do processo de integração do funcionário.
- Vincule a conscientização de segurança aos requisitos do trabalho ou às avaliações de desempenho.
- Realize sessões de treinamento presenciais apresentando casos reais e contextualizados para o ambiente de trabalho da empresa.
- Complete cursos *online*.

A conscientização de segurança deve ser um processo contínuo, já que novas ameaças e técnicas estão sempre surgindo.

10.4 ESTABELECIMENTO DE UMA CULTURA DE CONSCIENTIZAÇÃO DE SEGURANÇA CIBERNÉTICA

Os membros de uma empresa devem ter consciência das políticas de segurança e ter o conhecimento para fazer parte da segurança de suas atividades diárias.

Um programa de conscientização de segurança ativo depende:

- Do ambiente da empresa.
- Do nível de ameaça.

A criação de uma cultura de conscientização de segurança cibernética é um esforço contínuo que requer a liderança da alta gerência e o compromisso de todos os usuários e funcionários. Afetar a cultura de segurança cibernética de uma empresa começa com o estabelecimento de políticas e procedimentos pela gerência. Por exemplo, muitas empresas têm dias de conscientização de segurança cibernética. As empresas também podem publicar banners e sinalização para aumentar a conscientização geral de segurança cibernética. A criação de seminários e *workshops* de orientação de segurança cibernética ajudam a aumentar a conscientização.

11. PROCESSO DE GESTÃO DE RISCOS DE SEGURANÇA DA INFORMAÇÃO

A norma ABNT NBR ISO/IEC 27005:2011 estabeleceu o processo de gestão de riscos de segurança. As atividades estão coordenadas para o direcionamento e controle de uma empresa na gestão de riscos. É possível separar esse processo em seis grandes grupos de atividades:

- Definição do contexto;
- Análise/Avaliação de riscos;
- Tratamento do risco;
- Aceitação do risco;
- Comunicação do risco;
- Monitoramento e análise crítica.

A etapa inicial é a Definição de Contexto, na qual ocorrer a definição do ambiente, escopo, critérios de avaliação, entre outras definições. Esta etapa é fundamental para a equipe que realiza a gestão de risco conhecer todas as informações sobre a organização. Esta fase de preparação para implementação da gestão de riscos envolve principalmente a definição de três aspectos: (i) critérios básicos para Gerência de Riscos de Segurança de Informação (GRSI), (ii) escopo e limites do Sistema de Gestão de Risco de Segurança de Informação (SGRSI); e (iii) organização que vai operar a GRSI.

Caso o contexto estabelecido consiga fornecer informações suficientes para que a determinação eficaz das ações necessárias para redução os riscos a um nível aceitável, então a tarefa de Definição de Contexto está completa e o tratamento do risco pode continuar. Por outro lado, se as informações do ambiente forem insuficientes para o gerenciamento dos riscos, executa-se outra iteração do processo de avaliação de riscos, revisando-se o contexto (por exemplo: os critérios de avaliação de riscos, de aceitação do risco ou de impacto), possivelmente em partes limitadas do escopo.

Depois da Definição de Contexto, ocorre a etapa de Análise/Avaliação de riscos, na qual serão identificados os riscos e serão determinadas as ações necessárias para reduzir o risco a um nível aceitável pela organização. É conveniente que os riscos sejam identificados, quantificados ou descritos qualitativamente, para então, serem priorizados com base em critérios de avaliação de riscos e dos objetivos relevantes da organização.

Após essa etapa, ocorre o Tratamento do risco. A partir dos resultados obtidos nas etapas anteriores, são estabelecidos os controles necessários para o tratamento do risco e as opções para o tratamento dos riscos são selecionadas e o Plano de Tratamento do Risco (PTR) é definido. Os controles a serem implementados são especificados pela norma ABNT NBR ISO/IEC 27001.

Na etapa de Aceitação do risco, deve-se assegurar os riscos aceitos pela organização, isto é, os riscos que por alguma razão não serão tratados ou serão tratados parcialmente, denominados riscos residuais e cujo enquadramento nesta categoria deverá ser justificado. Assim, o risco residual represente o nível de risco remanescente após o tratamento de riscos. Uma vez que o PTR tenha sido definido, os riscos residuais precisam ser estimados.

Já a Comunicação do risco transmite a existência do risco e a forma como será tratado, para todas as áreas operacionais e seus gestores. Assim, ocorre uma troca ou compartilhamento de informações sobre o risco entre o tomador de decisão e *stakeholders*, isto é, outras partes interessadas.

A ação de evitar o risco trata-se de uma decisão de não se envolver ou agir de forma a mitigar uma situação de risco. Já uma ação de retenção do risco é a aceitação do ônus da perda ou do benefício do ganho associado a um determinado risco. Já o compartilhamento do risco trata-se de ação de partilhar-se com outra entidade do ônus da perda ou do benefício do ganho associado a um risco.

Por fim, a etapa final é do Monitoramento e análise crítica, na qual as atividades de acompanhamento dos resultados, implementação dos controles e de análise crítica para a melhoria contínua do processo de gestão de riscos.

Figura 59 – Processo de gestão de riscos de segurança da informação

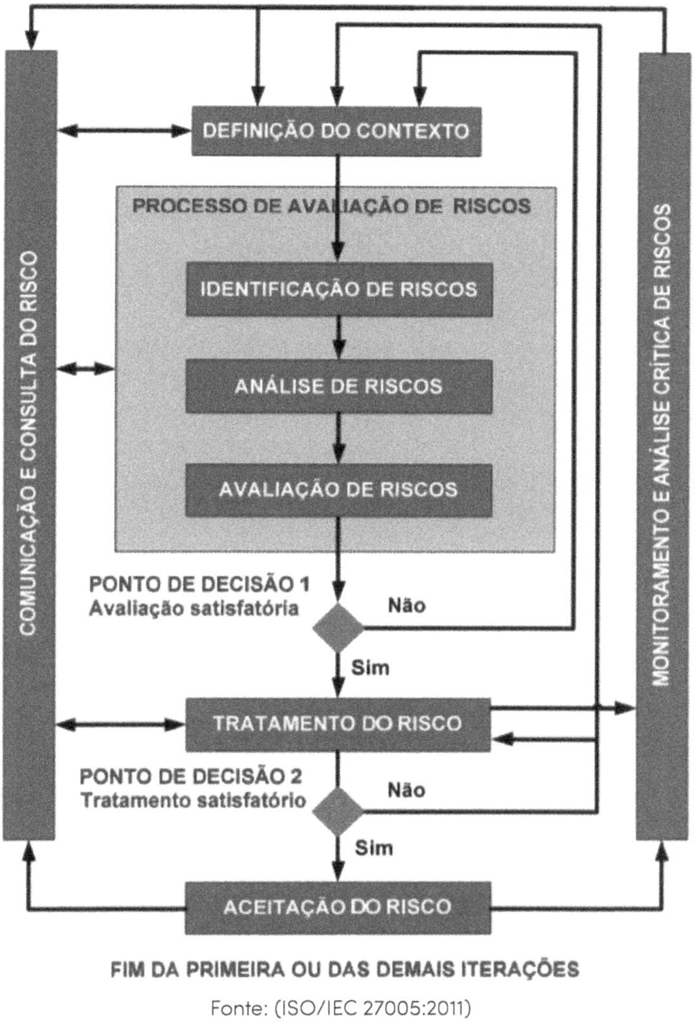

Fonte: (ISO/IEC 27005:2011)

O processo de gestão de riscos de segurança da informação ocorre de forma iterativa para o processo de avaliação de riscos e/ou para as atividades de tratamento do risco. A gestão do risco se desenvolve de modo incremental, através de uma quantidade de iterações. A cada iteração, existe uma entrega ou saída para a próxima iteração e permite o aprofundamento e detalhamento da avaliação em cada passo. Com isso, é possível otimizar o tempo e o esforço despendidos na identificação de controles, ao mesmo tempo que riscos de alto impacto ou de alta probabilidade sejam avaliados com segurança e adequadamente.

Ao implementar um processo de gestação de risco aderente à norma ISO/IEC 27005, uma organização irá usufruir de benefícios como a apreciação de riscos em termos de consequências e probabilidades de ocorrência, compreensão e comunicação das chances e impactos de riscos, ordens de prioridade para tratamento e redução de riscos são estabelecidas, deve ocorrer monitoramento dos riscos efetivo. Além disso, os riscos e o processo de gerência de riscos são monitorados e revistos regularmente e captura-se informação que permite a melhoria da abordagem de gestão de riscos. De forma que, os gerentes e os funcionários são educados sobre riscos e ações tomadas para mitigá-los (FERNANDES, 2009).

11.1 DEFINIÇÃO DE CONTEXTO

A etapa inicial é denominada de Definição de Contexto, uma fase de preparação para implementação de gestão de risco, envolvendo a definição de três aspectos como critérios básicos para Gestão de Risco de Segurança da Informação (GRSI), escopo e limites dos Sistemas de Gestão de Risco de Segurança da Informação (SGRSI) e a organização que vai operar a gestão de riscos.

Essa etapa recebe todas as informações relevantes sobre a organização para definição do contexto da gestão de risco de segurança da informação, que deve incluir informações anteriores sobre os Sistemas de Gestão de Risco de Segurança da Informação. São exemplos desse tipo de dados as informações produzidas por execuções anteriores de qualquer fase, os resultados das apreciações insatisfatórias e os planos de tratamento do risco que não foram aceitos, bem como dados do monitoramento e revisão da GRSI (FERNANDES, 2009).

Para a gestão de risco de segurança de informação, deve ser definido seu propósito geral, posto que ele afeta o processo de gestão de risco e a definição do contexto em particular. O propósito adotado pode ser a preparação de um plano de continuidade de continuidade de negócios, preparação de um plano de resposta a incidentes, conformidade legal e evidência da devida diligência, isto é, *due diligence*, e o suporte a um SGSI.

Como resultado de etapa de Definição de Contexto, devem-se observar as seguintes saídas: a especificação dos critérios básicos; o escopo e os limites do processo de gestão de riscos de segurança da informação; e a organização responsável pelo processo.

Os métodos a serem aplicados dependem do escopo e dos objetivos da gestão de riscos, que pode ser alterado a cada iteração do processo. O método de gestão de riscos deve ser selecionado ou desenvolvido considerando critérios básicos, tais como: critérios de avaliação de riscos, critérios de impacto e critérios de aceitação do risco. Além disso, devem ser avaliados os recursos disponíveis para:

- Executar o processo de avaliação de riscos e estabelecer um plano de tratamento de riscos.
- Monitorar controles.
- Definir e implementar políticas e procedimentos, incluindo implementação dos controles selecionados.
- Monitorar o processo de gestão de riscos de segurança da informação.

De acordo com (ABNT, 2011), os critérios para a avaliação de riscos para os riscos de segurança da informação na organização são utilizados os seguintes elementos:

- O valor estratégico do processo que trata as informações de negócio.
- A criticidade dos ativos de informação envolvidos.
- Requisitos legais e regulatórios, bem como as obrigações contratuais.
- Importância do ponto de vista operacional e dos negócios, da disponibilidade, da confidencialidade e da integridade.
- Expectativas e percepções de *stakeholders*, como acionistas, fornecedores, nível de volatilidade do valor de mercado, principalmente em fatores intangíveis como imagem, a reputação e inovação.

De forma resumida, os critérios de Avaliação de RSI deve ser capaz de responder a seguinte questão: Que considerações devem ser usadas para avaliar os riscos?

Com relação aos critérios de impacto, estes são desenvolvidos e especificados em função do montante das perdas ou custos à organização causados por um evento relacionado com a segurança da informação, considerando o seguinte:

- Nível de classificação do ativo de informação afetado.
- Ocorrências de violação da segurança da informação (por exemplo, redução de disponibilidade, da confidencialidade e/ou da integridade).
- Operações comprometidas sejam internas ou de terceiros.
- Perda de oportunidades de negócio e de valor financeiro.
- Interrupção de planos e o não cumprimento de prazos.
- Dano à reputação.
- Violações de requisitos legais, regulatórios ou contratuais.

Nessa etapa, a questão relevante é "Quais considerações devem ser usadas para determinar o impacto de incidentes de segurança para o alcance dos objetivos de negócio da organização?"

Os critérios de aceitação de risco costumam depender de políticas, metas e objetivos da organização e de seus *stakeholders*. Assim, mesmo empresas de mesmo segmento, porte e de mesma região pode ter critérios de aceitação de risco bem diferentes. Idealmente, a organização define uma escala própria de para níveis de aceitação de risco.

Os critérios para a aceitação do risco podem incluir mais de um limite, representando um nível desejável de risco, porém precauções podem ser tomadas por gestores seniores para aceitar riscos acima desse nível desde que sob circunstâncias definidas.

> **REFLITA**
> Nessa etapa, a organização deve responder ao seguinte questionamento: Que considerações serão usadas pela alta gestão para aceitar os riscos residuais da organização?

Os critérios para a aceitação do risco podem ser expressos como a razão entre o lucro estimado (ou outro benefício ao negócio) e o risco estimado. Existem diferentes critérios para a aceitação do risco que podem ser aplicados a diferentes classes de risco. Por exemplo: riscos que podem resultar em não conformidade com regulamentações ou leis podem não ser aceitos, enquanto riscos de alto impacto poderão ser aceitos se isto for especificado como um requisito contratual.

Critérios para a aceitação do risco podem incluir requisitos para um tratamento adicional futuro. Dessa forma, um risco poderá ser aceito se for aprovado e houver o compromisso de que ações para reduzi-lo a um nível aceitável serão tomadas dentro de determinado período de tempo.

Estes critérios podem ser diferenciados de acordo com o tempo de existência previsto do risco, por exemplo: o risco pode estar associado a uma atividade temporária ou de curto prazo.

Como critérios para a aceitação do risco, devem ser considerados Critérios de negócio, Aspectos legais e regulatórios, Operações, Tecnologia, Finanças e Fatores sociais e humanitários.

O Escopo e limites são um dos Critérios Básicos da Gestão de Risco de Segurança de Informação de uma organização. A definição de escopo é necessária para garantir que a integralidade dos ativos relevantes está coberta no processo de avaliação de riscos.

Para a determinação do escopo e os limites, devem ser analisadas as seguintes informações:

- Objetivos estratégicos, políticas e estratégias da organização.
- Processos de negócio.
- Organograma da empresa.
- Marco regulatório, requisitos legais e contratuais aplicados ao negócio.
- Política de segurança da informação da organização.
- A abordagem da organização à gestão de riscos.
- Ativos de informação da empresa.
- Localidades em que a organização se encontra e suas características geográficas.
- Restrições que afetam a organização.
- Expectativas das partes interessadas, também conhecidas como *stakeholders*.
- Ambiente sociocultural.
- Troca de informação com o ambiente ou Interfaces.
- Justificativa para quaisquer exclusões do escopo.

Exemplos do escopo da gestão de riscos podem ser: uma aplicação de TI, a infraestrutura de TI, um processo de negócios ou uma parte definida da organização.

Um risco combina as consequências originadas da ocorrência de um evento indesejado e da probabilidade da ocorrência do mesmo. O processo de avaliação de riscos quantifica ou descreve o risco qualitativamente e capacita os gestores a priorizar os riscos de acordo com a sua gravidade percebida ou com outros critérios estabelecidos.

O processo de avaliação de riscos também conhecido como apreciação de riscos consiste nas seguintes atividades:

- Identificação de riscos.
- Análise de riscos.
- Avaliação de riscos.

Como resultado dessa etapa, será gerada uma lista de riscos avaliados, ordenados por prioridade de acordo com os critérios de avaliação de riscos.

11.2 IDENTIFICAÇÃO DE RISCOS

A razão da etapa de identificação de riscos é a determinação dos eventos que possam causar uma perda potencial e evidenciando seu local, razão e impactos. É necessário realizar coleta de dados de entrada para a atividade de análise de riscos. Os riscos indicados podem ter fontes que são ou não de controle da organização, mesmo que a fonte ou a causa dos riscos não seja evidente.

Para identificação dos riscos, são utilizados como entradas os critérios básicos, o escopo e os limites, e a organização do processo de gestão de riscos de segurança da informação que se está definindo.

O processo de avaliação de riscos determina o valor dos ativos de informação, identifica as ameaças e vulnerabilidades aplicáveis existentes (ou que poderiam existir), identifica os controles existentes e seus efeitos no risco identificado, determina as consequências possíveis e, finalmente, prioriza os riscos derivados e ordena-os de acordo com os critérios de avaliação de riscos estabelecidos na definição do contexto.

O processo de avaliação de riscos é executado normalmente em pelo menos duas iterações. Inicialmente, realiza-se uma avaliação de alto nível para identificar os riscos potencialmente altos, os quais merecem uma avaliação mais aprofundada. Já a segunda iteração pode considerar com maior detalhamento esses riscos potencialmente altos revelados na primeira iteração. Se ela não fornecer informações suficientes para avaliar o risco, então análises adicionais detalhadas precisarão ser executadas, provavelmente em partes do escopo total e possivelmente usando outro método.

A etapa inicial é a Identificação de ativos. Um ativo é algo que tem valor para a organização e que, portanto, requer proteção. Para a identificação dos ativos convém que se tenha em mente que um sistema de informação compreende mais do que hardware e software.

A identificação dos ativos deve ser executada com um detalhamento adequado para fornecer informações suficientes para o processo de avaliação de riscos. O nível de detalhe usado na identificação dos ativos influenciará na quantidade geral de informações reunidas durante o processo de avaliação de riscos. O detalhamento pode ser aprofundado em cada iteração do processo de avaliação de riscos.

Para cada ativo, é atribuído um responsável, a fim de oficializar sua responsabilidade e garantir a possibilidade da respectiva prestação de contas. O responsável pelo ativo pode não ter direitos de propriedade sobre o ativo, mas tem responsabilidade sobre sua produção, desenvolvimento, manutenção, utilização e segurança, conforme apropriado. O responsável pelo ativo é frequentemente a pessoa mais adequada para determinar o valor do mesmo para a organização.

O limite da análise crítica é o perímetro dos ativos da organização a serem considerados pelo processo de gestão de riscos de segurança da informação. A organização deve selecionar seu próprio método para a identificação de ativos.

11.2.1 Identificação das ameaças

Uma ameaça tem o potencial de comprometer ativos (tais como, informações, processos e sistemas) e, por isso, também as organizações. Ameaças podem ser de origem natural ou humana e podem ser acidentais ou intencionais. Tanto as fontes das ameaças acidentais, quanto as intencionais, devem ser identificadas.

Uma ameaça pode surgir interna ou externamente à organização. Convém que as ameaças sejam identificadas genericamente e por classe (por exemplo, ações não autorizadas, danos físicos, falhas técnicas) e, quando apropriado, ameaças específicas identificadas dentro das classes genéricas. Isso significa que, nenhuma ameaça é ignorada, incluindo as não previstas, mas que o volume de trabalho exigido é limitado.

Algumas ameaças podem afetar mais de um ativo. Nesses casos, elas podem provocar impactos diferentes, dependendo de quais ativos são afetados. Na tabela 13 são apresentadas algumas ameaças a ativos, níveis de probabilidade de ocorrência e suas consequências em instituições de ensino.

Tabela 13 – Lista de ameaças aos ativos de informação

Ameaça	Probabilidade	Consequência
Falta de energia	Média	Incapacidade de acesso, corrupção da informação
Roubo de informação	Média	Apropriação indébita, mau uso, exposição de dados
Acesso não autorizado	Alta	Exposição, falsificação, incapacidade de acesso
Vazamento de informações confidenciais	Média	Exposição das informações
Agressão física contra funcionários	Baixa	Incapacitação dos funcionários
Configuração incorreta de equipamentos	Alta	Incapacitação de equipamentos, indisponibilidade de acesso

Fonte: adaptado de (KONZEN, 2012)

Dados de entrada para a identificação das ameaças e análise da probabilidade de ocorrência podem ser obtidos dos responsáveis pelos ativos ou dos usuários, do pessoal, dos administradores das instalações e dos especialistas em segurança da informação, de peritos em segurança física, do departamento jurídico e de outras organizações, incluindo organismos legais, autoridades climáticas, companhias de seguros e autoridades governamentais nacionais. Aspectos culturais e relacionados ao ambiente precisam ser considerados quando se examina as ameaças.

11.2.2 Identificação dos controles existentes

A etapa de identificação dos controles existentes é realizada para evitar custos e trabalhos desnecessários, por exemplo, na duplicação de controles. Além disso, identificar os controles existentes, estes são testados para assegurar que eles estão funcionando corretamente, já que um controle que não funcione da forma esperada pode dar origem a vulnerabilidades. Uma vulnerabilidade "é uma fragilidade de um ativo ou grupo de ativos que pode ser explorada por uma ou mais ameaças" (ISO/IEC, 2004). Deve-se consideração a possibilidade de um controle selecionado apresentar erro durante sua operação. Sendo assim, controles complementares são utilizados para tratar efetivamente o risco identificado.

De acordo com a ABNT NBR ISO/IEC 27001, isso é auxiliado pela medição da eficácia dos controles em um SGRSI. Uma maneira para estimar o efeito do controle é ver o quanto ele reduz, por um lado, a probabilidade da ameaça e a facilidade com que uma vulnerabilidade pode ser explorada ou, por outro lado, o impacto do incidente. A análise crítica pela direção e os relatórios de auditoria também insumo para verificar a eficácia dos controles existentes.

Os controles planejados devem ser implementados conforme com os planos de implementação de tratamento do risco também sejam considerados, juntamente com aqueles que já estão implementados. Controles existentes ou planejados podem ser considerados ineficazes, insuficientes ou não justificados.

Controles insuficientes ou não justificados podem ser substituídos por outro controle mais adequado ou se convém que o controle permaneça em vigor, por exemplo, em função dos custos.

Para a identificação dos controles existentes ou planejados, uma atividade a ser realizada é a análise crítica dos documentos contendo informações sobre os controles como, por exemplo, os planos de implementação de tratamento do risco. Se os processos de gestão da segurança da informação estão bem documentados, é recomendado que todos os controles existentes ou planejados e a situação de sua implementação estejam disponíveis.

Outra atividade é a verificação das pessoas responsáveis pela segurança da informação e com os usuários quais controles, relacionados ao processo de informação ou ao sistema de informação sob consideração, estão realmente implementados e operacionais. São exemplos dos responsáveis de segurança: o responsável pela segurança da informação, o responsável pela segurança do sistema da informação, o gerente das instalações prediais, o gerente de operações. Outro cargo inserido pela Lei de Proteção de Dados é Encarregado de Proteção de Dados é a "pessoa indicada pelo controlador e operador para atuar como canal de comunicação entre o controlador, os titulares dos dados e a Autoridade Nacional de Proteção de Dados (ANPD)" (BRASIL, 2018, art. 5º, inciso VIII, da Lei nº 13.709/2018).

Adicionalmente, ocorre a revisão do local dos controles físicos, comparando os controles implementados com a lista de quais deveriam que estar presentes e verificação do seu funcionamento efetivo e correto. Depois, é realizada a análise dos resultados de auditorias de forma crítica.

Finalizada a etapa de identificação dos controles, a saída dessa etapa é uma lista de todos os controles existentes e planejados, sua implementação e status de utilização.

11.2.3 Identificação das vulnerabilidades

Para identificação de vulnerabilidades, são necessárias listas dos controles existentes, uma lista de ativos e de ameaças conhecidas. As vulnerabilidades podem ser identificadas nas seguintes áreas: Processos e procedimentos, Rotinas de gestão, recursos humanos, ambiente físico, Configuração do sistema de informação, Hardware, software ou equipamentos de comunicação e Dependência de entidades externas.

A presença de uma vulnerabilidade não causa prejuízo por si só, pois precisa haver uma ameaça presente para explorá-la. Uma vulnerabilidade que não tem uma ameaça correspondente pode não requerer a implementação de um controle no presente momento, mas convém que ela seja reconhecida como tal e monitorada, no caso de haver mudanças. Note-se que um controle implementado, funcionando incorretamente ou sendo usado incorretamente, pode, por si só, representar uma vulnerabilidade. Um controle pode ser eficaz ou não, dependendo do ambiente no qual ele opera.

Inversamente, uma ameaça que não tenha uma vulnerabilidade correspondente pode não resultar em um risco.

Vulnerabilidades podem estar ligadas a propriedades do ativo, as quais podem ser usadas de uma forma ou para um propósito diferente daquele para o qual o ativo foi adquirido ou desenvolvido.

Como resultado da etapa de identificação de vulnerabilidades, é gerada uma lista de vulnerabilidades associadas aos ativos, ameaças e controles; uma lista de vulnerabilidades que não se refere a nenhuma ameaça identificada para análise.

De acordo com (FERNANDES, 2009), para fins de racionalização de esforços na busca por ameaças e vulnerabilidades, os métodos de GRSI propõem que a identificação de ameaças seja feita antes da identificação de vulnerabilidades, uma vez que seria proibitivo o custo para identificação de vulnerabilidades em todos os ativos existentes, independentemente da existência de ameaças correspondentes.

11.2.4 Identificação das consequências

Para identificar as consequências, é necessário que as perdas de confidencialidade, de integridade e de disponibilidade dos ativos sejam identificadas. Por exemplo, uma consequência é a perda da eficácia, condições adversas de operação, a perda de oportunidades de negócio, reputação afetada, prejuízo econômico, perda de clientes, entre outros.

Essa atividade identifica o prejuízo ou as consequências para a organização que podem decorrer de um cenário de incidente.

> **SAIBA MAIS**
> De acordo com ABNT NBR ISO/IEC 27002:2005, Seção 13, um cenário de incidente é a descrição de uma ameaça explorando certa vulnerabilidade ou um conjunto delas em um incidente de segurança da informação.

O impacto dos cenários de incidentes é determinado considerando-se os critérios de impacto definidos durante a atividade de definição do contexto. Ele pode afetar um ou mais ativos ou apenas parte de um ativo. Assim, aos ativos podem ser atribuídos valores correspondendo tanto aos seus custos financeiros, quanto às consequências ao negócio se forem danificados ou comprometidos. Consequências podem ser de natureza temporária ou permanente como no caso da destruição de um ativo.

As organizações precisam identificaras consequências operacionais de cenários de incidentes em função dos fatores listados a seguir, mas sem se limitar a estes:

- Investigação e tempo de reparo;
- Tempo de trabalho desperdiçado;
- Oportunidade perdida;
- Saúde e Segurança;
- Custo financeiro das competências específicas necessárias para reparar o prejuízo;
- Imagem, reputação e valor de mercado.

Como resultado dessa etapa, é elaborada uma lista de cenários de incidentes com suas consequências associadas aos ativos e processos do negócio.

11.3 ANÁLISE DE RISCOS

A análise de riscos pode ser empreendida com diferentes graus de detalhamento, dependendo da criticidade dos ativos, da extensão das vulnerabilidades conhecidas e dos incidentes anteriores envolvendo a organização. Uma metodologia para a análise pode ser qualitativa ou quantitativa ou uma combinação de ambos, dependendo das circunstâncias. Na prática, a análise qualitativa é frequentemente utilizada em primeiro lugar para obter uma indicação geral do nível de risco e para revelar os grandes riscos. Depois, poderá ser necessário efetuar uma análise quantitativa ou mais específica, nos grandes riscos. Isso ocorre porque normalmente é menos complexo e menos oneroso realizar análises qualitativas do que quantitativas.

A forma da análise deve ser coerente com o critério de avaliação de riscos desenvolvida como parte da definição do contexto. Existem análises qualitativas e quantitativas de riscos.

(a) Análise qualitativa de riscos:

A análise qualitativa utiliza uma escala com atributos qualificadores que descrevem a magnitude das consequências potenciais e a probabilidade dessas consequências ocorrerem. Um exemplo de escala de magnitude é pequeno, médio e alto impacto. Uma vantagem da análise qualitativa é sua facilidade de compreensão por todas as pessoas envolvidas. Entretanto, existe uma dependência de uma escolha subjetiva da escala.

Essas escalas podem ser adaptadas ou ajustadas para se adequarem às circunstâncias e descrições diferentes podem ser usadas para riscos diferentes. A análise qualitativa pode ser utilizada como uma verificação inicial a fim de identificar riscos que exigirão uma análise mais detalhada ou quando é suficiente para a tomada de decisões. Também é utilizada no caso de indisponibilidade ou insuficiência de dados quantitativos. A Análise qualitativa deve utilizar informações e dados factuais quando disponíveis.

(b) Análise quantitativa de riscos:

A análise quantitativa utiliza uma escala com valores numéricos, em vez de qualificadores, tanto para consequências quanto para a probabilidade, usando dados de diversas fontes. A qualidade da análise depende da exatidão e da integralidade dos valores numéricos e da validade dos modelos utilizados.

A análise quantitativa, normalmente, utiliza dados históricos dos incidentes, proporcionando a vantagem de poder ser relacionada diretamente aos objetivos da segurança da informação e interesses da organização. Uma desvantagem é a falta de tais dados sobre novos riscos ou sobre fragilidades da segurança da informação. Uma desvantagem da abordagem quantitativa ocorre quando dados factuais e auditáveis não estão disponíveis. Nesse caso, a exatidão do processo de avaliação de riscos e os valores associados tornam-se ilusórios.

A forma na qual as consequências e a probabilidade são expressas e a forma em que elas são combinadas para fornecer um nível de risco irá variar de acordo com o tipo de risco e do propósito para o qual os resultados do processo de avaliação de riscos serão usados. A incerteza e a variabilidade tanto das consequências, quanto da probabilidade, devem ser consideradas na análise e comunicadas de forma eficaz.

11.3.1 Avaliação das consequências

Para a avaliação das consequências, é necessário elaborar uma lista de cenários de incidentes identificados como relevantes, incluindo a identificação de ameaças, vulnerabilidades, ativos afetados e consequências para os ativos e processos do negócio.

O impacto sobre o negócio da organização, que pode ser causado por incidentes relacionados à segurança da informação, deve ser avaliado considerando as consequências de uma violação da segurança da informação, como, por exemplo: a perda da confidencialidade, da integridade ou da disponibilidade dos ativos.

Depois da identificação de todos os ativos relevantes, os valores atribuídos a esses ativos devem ser considerados durante a avaliação das consequências. O valor do impacto ao negócio pode ser expresso de forma qualitativa ou quantitativa, porém um método para designar valores monetários geralmente pode fornecer mais informações úteis para a tomada de decisões e, consequentemente, permitir que o processo de tomada de decisão seja mais eficiente.

A valoração dos ativos começa com a classificação destes em função a de sua criticidade, isto é, da importância dos ativos para a realização dos objetivos de negócios da organização. A valoração é então determinada de duas maneiras:

- O valor de reposição do ativo: o custo da recuperação e da reposição da informação (se for possível) e
- Impactos ao negócio relacionados à perda ou ao comprometimento do ativo, tais como as possíveis consequências adversas de caráter empresarial, legal ou regulatórias causadas pela divulgação indevida, modificação, indisponibilidade e/ou destruição de informações ou de outros ativos de informação. Com a introdução da Lei Geral de Proteção de Dados (LGPD), as empresas poderão ser multadas no caso de vazamento de dados.

Essa valoração pode ser determinada a partir de uma análise de impacto no negócio. Normalmente, O valor determinado em função da consequência para o negócio é significativamente mais elevado do que o simples custo de reposição, dependendo da importância do ativo para a organização na realização dos objetivos de negócios.

A valoração dos ativos representa um dos aspectos mais importantes na avaliação do impacto de um cenário de incidente, pois o incidente pode afetar mais de um ativo (por exemplo: os ativos dependentes) ou somente parte de um ativo. Diferentes ameaças e vulnerabilidades causarão diferentes impactos sobre os ativos, tais como perda da confidencialidade, da integridade ou da disponibilidade. A avaliação das consequências está, portanto, relacionada à valoração dos ativos baseada na análise de impacto no negócio.

As consequências ou os impactos ao negócio podem ser determinados por meio da criação de modelos com os resultados de um evento, um conjunto de eventos ou através da extrapolação a partir de estudos experimentais ou dados passados.

As consequências podem ser expressas em função dos critérios monetários, técnicos ou humanos, de impacto ou de outro critério relevante para a organização. Em alguns casos, mais de um valor numérico é necessário para especificar as consequências tendo em vista os diferentes momentos, lugares, grupos ou situações.

11.3.2 Avaliação da probabilidade dos incidentes

Para se avaliar as probabilidades dos indecentes, é necessário elaborar uma lista de cenários de incidentes identificados como relevantes, incluindo a identificação de ameaças, ativos afetados, vulnerabilidades existentes e consequências para os ativos e processos do negócio. Também são necessárias listas com todos os controles existentes e planejados, sua eficácia, implementação e status de utilização.

Depois de identificar os cenários de incidentes, é necessário avaliar a probabilidade de cada cenário e do impacto correspondente, usando técnicas de análise qualitativas ou quantitativas. Convém levar em conta a frequência da ocorrência das ameaças e a facilidade com que as vulnerabilidades podem ser exploradas, considerando o seguinte:

- A experiência passada e estatísticas aplicáveis referentes à probabilidade da ameaça.
- Para fontes de ameaças intencionais: a motivação e as competências, que mudam ao longo do tempo, os recursos disponíveis para possíveis atacantes, bem como a percepção da vulnerabilidade e o poder da atração dos ativos para um possível atacante.
- Para fontes de ameaças acidentais: fatores geográficos (como, por exemplo, proximidade a fábricas e refinarias de produtos químicos e petróleo), a possibilidade de eventos climáticos extremos e fatores que poderiam acarretar erros humanos e o mau funcionamento de equipamentos.

- Vulnerabilidades, tanto de cada ativo individualmente como de um conjunto de ativos.
- Os controles existentes e a eficácia com que eles reduzem as vulnerabilidades.

No caso de um sistema de informação pode ter uma vulnerabilidade relacionada às ameaças de se forjar a identidade de um usuário e de se fazer mau uso de recursos. A vulnerabilidade relacionada ao uso forjado da identidade de um usuário pode ser alta devido, por exemplo, à falta de um mecanismo de autenticação de usuário. Por outro lado, a probabilidade de utilização indevida dos recursos pode ser baixa, apesar da falta de autenticação, pois os meios disponíveis para que isso pudesse acontecer são limitados.

Dependendo da precisão necessária, ativos podem ser agrupados ou pode ser necessário dividir um ativo em seus componentes e relacionar estes aos cenários. Por exemplo: conforme a localidade geográfica, a natureza das ameaças a um mesmo tipo de ativo ou a eficácia dos controles existentes podem variar. Finalizada esta etapa, serão determinadas as probabilidades dos cenários de incidentes, tanto no método quantitativo ou caso no qualitativo.

11.3.3 Determinação do nível de risco

Para determinar o nível de risco, é necessária uma lista de cenários de incidentes com suas consequências associadas aos ativos, processos de negócio e suas probabilidades no método adequado.

A análise de riscos designa valores para a probabilidade e para as consequências de um risco. Esses valores podem ser de natureza quantitativa ou qualitativa. A análise de riscos é baseada nas consequências e na probabilidade estimadas. Além disso, ela pode considerar o custo-benefício, as preocupações das partes interessadas e outras variáveis, conforme apropriado para a avaliação de riscos. O risco estimado é uma combinação da probabilidade de um cenário de incidente e suas consequências.

Como resultado da etapa de determinação do nível de risco, obtém-se uma lista de riscos com níveis de valores designados. A próxima etapa é a avaliação do risco.

As etapas de Comunicação do Risco e Monitoramento e análise dos fatores críticos de risco ocorrem continuamente dentro de processos de gestão de riscos da organização. Ao fim dessa fase, é gerado um plano de tratamento dos riscos e dos riscos residuais.

11.3.4 Avaliação do Risco

Segundo a ISO/IEC (2007), a finalidade da Avaliação do Risco é a priorização dos riscos contra critérios de avaliação, definidos na Definição do Contexto, e objetivos relevantes para a organização. Para iniciar essa etapa, é necessário obter as seguintes entradas:

- A lista de riscos com valorações de níveis;
- Os critérios de avaliação de riscos, que foram declarados na etapa de Definição do Contexto;
- Os critérios de aceitação do risco, que também foram declarados na etapa de Definição do Contexto).

Após o recebimento dessas entradas, ocorre a comparação entre os níveis dos riscos valorados e os critérios estabelecidos de avaliação e de aceitação de riscos. O resultado dessa etapa é uma lista de riscos priorizados, conforme critérios de avaliação, em relação aos cenários de incidente que geram esses riscos.

Segundo a ISO/IEC 27005, existem aspectos mais relevantes a serem considerados na etapa de avaliação de riscos, tais como: as decisões são fundamentalmente baseadas no nível de risco aceitável, isto é, no nível de risco tolerável pela organização. Adicionalmente, as decisões estarão calcadas nos critérios estabelecidos durante a etapa de Definição do Contexto. Os critérios de avaliação devem ser coerentes com os cenários de segurança da informação tanto internos quanto externos, considerando também os objetivos da organização e as percepções dos intervenientes.

Caso ocorra a agregação de vários pequenos ou médios riscos, o risco total pode ser bem mais significativo e há necessidade de tratamento adequado. Ao se analisar as propriedades da segurança da informação (Confidencialidade, Integridade, Disponibilidade, Autenticidade), se um critério não for relevante para a organização, por exemplo: a perda da confidencialidade, os riscos que causam esse tipo de impacto podem ser considerados irrelevantes e, com isso, serem desprezados.

Dependendo da importância do processo de negócios ou da atividade realizada por determinado ativo ou conjunto de ativos, há um reflexo na avaliação de risco, pois se um processo ou atividade é avaliado pela organização como de baixa importância, os riscos associados a ele devem ser também levados menos em consideração do que os riscos que causam impactos em processos ou atividades mais importantes.

Além dos riscos estimados, aspectos legais, regulatórios e contratuais na fase de avaliação de risco devem ser avaliados pelas equipes de análise. Assim, esta atividade deve ser realizada conjuntamente com a empresa, pois esta tem a visão mais detalhada dos objetivos estratégicos de negócio.

A Avaliação do Risco conclui a fase de Apreciação. Ao final da Avaliação, os riscos foram identificados, estimados e avaliados, e produziu-se uma lista de riscos priorizados conforme critérios previamente estabelecidos.

Se a Apreciação do Risco não produz resultados satisfatórios, deve-se retornar à fase de Definição do Contexto, para refinamentos e nova análise e avaliação. Caso a Apreciação produza resultados satisfatórios, deve-se passar à fase de Tratamento do Risco.

11.4 TRATAMENTO DE RISCO

Finalizada a etapa de Avaliação de Riscos com resultados satisfatórios, inicia-se a etapa de Tratamento do Risco e a eficácia do tratamento do risco depende dos resultados obtidos na Avaliação de riscos.

Segundo (FERNANDES, 2009), Tratamento do Risco é a fase da gestão de riscos que envolve a decisão entre reter, evitar, transferir (compartilhar) ou reduzir os riscos. O Tratamento de Risco é realizado de maneira cíclica e possui as seguintes atividades:

- Avaliar um tratamento do risco;
- Decidir se os níveis de risco residual são aceitáveis;
- Gerar um novo tratamento do risco se os níveis de risco não forem aceitáveis;
- Avaliar a eficácia do tratamento.

A Figura a seguir mostra as tarefas realizadas na etapa de Tratamento de Risco, sendo que é possível que o tratamento do risco não resulte em um nível de risco residual que seja aceitável.

Figura 60 – A atividade de tratamento de risco

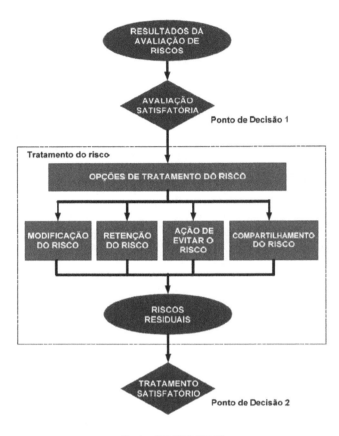

Fonte: ISO/IEC 27005

REFLITA
No caso de um risco residual maior que o risco aceitável pela empresa, para qual atividade deve-se seguir?

Nesse caso, será realiza outra iteração do processo de avaliação de riscos, com alterações nas variáveis do contexto (por exemplo: os critérios para o processo de avaliação de riscos, de aceitação do risco e de impacto), seguida por uma fase adicional de tratamento do risco.

Os objetivos a serem alcançados com o tratamento dos riscos são:

- A definição de quais controles serão empregados para reduzir alguns destes riscos;
- A retenção ou aceitação de outros riscos;
- A ação de evitar outros riscos;
- A transferência de alguns desses riscos a outros agentes; e
- A definição de um plano de tratamento do risco.

O tratamento de risco é utilizado para responder aos riscos identificados. Após a etapa de Tratamento de Risco, são geradas as seguintes saídas:

- O plano de tratamento do risco;
- A lista de riscos residuais, ambos sujeitos à decisão de aceitação pelos altos gestores da organização.

Conforme (BEZERRA, 2013), as escolhas e decisões tomadas no tratamento de riscos devem considerar:

- A avaliação do tratamento de risco proposto já realizado.
- A viabilidade técnica e financeira.
- A eficácia dos controles.
- A eficiência do tratamento.
- Decisão se os níveis de risco residual são toleráveis.
- As características do negócio da organização.

FIQUE ATENTO

Riscos residuais são os riscos restantes após a implantação de controles para evitar, transferir ou mitigar riscos. Riscos residuais devem ser tratados através da implementação de controles. Após a implementação de um controle, pode ocorrer que o risco não tenha sido totalmente mitigado. Esta diferença é o risco residual.

Caso o risco residual esteja acima do nível de aceitação de riscos estabelecidos pela organização, será necessária nova iteração no processo de gestão de riscos.

De acordo com a norma ISO 27005, existem diversas restrições que influenciam na seleção de controle. Restrições de ordem técnicas, tais como requisitos de desempenho, capacidade de gerenciamento (requisitos de apoio operacional) e questões de compatibilidade, dificultam a aplicação de determinados controles ou induzem erros humanos, podendo até mesmo anular o controle. Nesse caso, esses controles oferecem sensação de segurança falta ou a majoram o risco, de forma a se transformar em ainda maior do que seria se o controle não existisse. Um exemplo desse tipo de controle é exigir senhas complexas sem treinamento adequado, pois os usuários irão a anotar as senhas por escrito.

É possível que um controle afete o desempenho de sistema de forma acentuada. É necessário encontrar uma solução que satisfaça os requisitos de desempenho e que possa, ao mesmo tempo, garantir um nível suficiente de segurança da informação. O resultado dessa etapa é uma lista de controles possíveis, com seu custo, benefício e prioridade de implementação, conforme mostrado na Figura 61.

Figura 61 – Tratamento de riscos

Fonte: (BEZERRA, 2013, p. 108)

Uma forma de identificar os controles necessários é seguir a norma NBR ISO/IEC 27002 – Boas práticas para Gestão da Segurança de Informação, a qual apresenta um guia para implementação de controles de segurança da informação, agrupando os controles por objetivo de controle, num total de 39 objetivos.

11.4.1 Modificação do risco

O nível de risco deve ser gerenciado através da inclusão, exclusão ou alteração de controles, para que o risco residual possa ser reavaliado e então considerado aceitável. O tratamento de risco é utilizado para responder aos riscos identificados.

Normalmente, os controles podem fornecer um ou mais dos seguintes tipos de proteção: correção, eliminação, prevenção, minimização do impacto, dissuasão, detecção, recuperação, monitoramento e conscientização.

No tipo Correção, as atividades através da implementação de controles realizadas a fim de corrigir qualquer anormalidade. Para Eliminação, os controles são aplicados com a função de excluir possíveis erros e vulnerabilidades ou fontes de erros e vulnerabilidades, mas sem eliminar totalmente o risco, apenas o atenuando. Em controles de **Detecção,** atividades de implementação de controles são realizadas com o objetivo de descobrir erros ou anormalidades. Já controles de **Prevenção,** são implementados para prevenir e impedir a exploração de qualquer vulnerabilidade. No caso de proteção de **Minimização do impacto**, a implementação de controles busca diminuir ou limitar os prejuízos na ocorrência de um incidente de segurança.

Na **Dissuasão**: existe uma ação, atividade ou medida de controle organizada e realizada com objetivo de fazer mudar de opinião, intenção ou ideia. Na **Recuperação**, atividade de implementação de controle é realizada para retornar o sistema para uma situação de normalidade. Controles de **Monitoramento** realizam atividade de aplicação de controles para acompanhar, observar, acompanhar desvios ou variações e perceber os sinais de alerta de vulnerabilidades, ameaças e riscos, buscando antecipação de tomada de providências e decisões. Por fim, controles de **Conscientização,** aplicam controles e atividades de ensino que tem como objetivo orientar sobre a segurança da informação, de modo que os usuários saibam aplicar os conhecimentos mostrados em sua rotina pessoal e profissional.

No momento da seleção de controles, deve-se analisar o custo da aquisição, implementação, administração, operação, monitoramento e manutenção dos controles em comparação com o valor financeiro dos ativos a serem protegidos.

Além disso, também deve ser considerado e calculado o retorno do investimento, na forma da modificação do risco e a possibilidade de exploração de novas oportunidades de negócio em função da existência de certos controles.

Existem diferentes opções para tratar e responder ao risco. As escolhas e decisões tomadas pela equipe de análise, em conjunto com a direção da organização, devem levar em conta:

Diversas restrições devem ser consideradas durante a escolha e a implementação de controles. Uma categoria são as Restrições temporais, por exemplo, os controles devem ser implementados dentro de um período de tempo aceitável para os gestores da organização. Outro tipo de restrição temporal é se um controle pode ser implementado durante o período de vida útil da informação ou do sistema. Um terceiro tipo de restrição temporal pode ser representado pelo período de tempo que os gestores da organização definem como aceitável para estarem expostos a um determinado risco.

Outra categoria são as Restrições Financeiras, pois a implementação ou a manutenção dos controles deve ser menos dispendiosas do que o valor dos riscos que eles foram projetados para combater, exceto nos casos em que a aferição da conformidade é obrigatória (por exemplo, no caso de legislações específicas). Os orçamentos alocados para a área de controle não devem ser excedidos e devem ser obtidas vantagens financeiras, através do uso de controles. Entretanto, em algumas situações, talvez não seja possível implementar a segurança desejada e alcançar o nível de risco formalmente aceito simultaneamente, devido a restrições orçamentárias. Essa situação exigirá, então, uma decisão dos gestores da organização para a sua resolução. Assim, restrições orçamentárias provocam a redução do número ou da qualidade dos controles a serem implementados, pois isso pode levar à aceitação implícita de mais riscos do que o planejado.

Também existem restrições técnicas como a compatibilidade de hardware ou de programas, podem ser evitados se forem considerados durante a seleção dos controles. Além disso, a implementação retroativa dos controles em um processo ou sistema existente é frequentemente dificultada por restrições técnicas. Essas dificuldades podem deslocar o foco dos controles em direção aos aspectos procedurais e físicos da segurança. Pode ser necessário revisar os programas de segurança da informação, a fim de alcançar os objetivos de segurança. Isso pode ocorrer quando controles não conseguem atingir os resultados previstos na modificação do risco sem afetar a produtividade.

Já as restrições operacionais estão relacionadas à necessidade de manutenção das operações em um regime de 24 horas diárias X 7 dias por semana, e ainda executar backups.

Além das restrições temporais, financeiras, técnicas e operacionais, existem:

- Restrições culturais;
- Restrições éticas;
- Restrições ambientais;
- Restrições legais;
- Facilidade de uso;

- Facilidade de uso;
- Restrições de recursos humanos;
- Restrições ligadas à integração dos controles novos aos já existentes.

11.4.2 Retenção do risco

As decisões sobre a retenção do risco, sem outras ações adicionais, devem ser tomadas tendo como base a avaliação de riscos. Segundo o tópico ABNT NBR ISO/IEC 27001:2006 4.2.1 f. 2), "aceitação do risco, consciente e objetiva, desde que claramente satisfazendo as políticas da organização e os critérios para aceitação do risco" descreve a mesma atividade, que pode ser entendida como "correr o risco". Também inclui os riscos que ainda não foram identificados.

Se o nível de risco atende aos critérios para a aceitação do risco, não há necessidade de se implementar controles adicionais e pode haver a retenção do risco. A decisão de retenção do risco de ser tomada pela alta direção e estar embasada em fatos e evidências. Os riscos aceitos pela direção são registrados, juntamente a justificativa para aceitação, bem como os responsáveis pela aprovação da retenção do risco.

O fluxograma da Figura 62 apresenta um critério para retenção de riscos provocados por agentes de ameaça intencional. Este modelo é proposto pela Norma NIST 800-100, sendo que NIST é o instituto nacional de padrões e tecnologia dos Estados Unidos.

Figura 62 – Critério para retenção de risco com agentes de ameaça

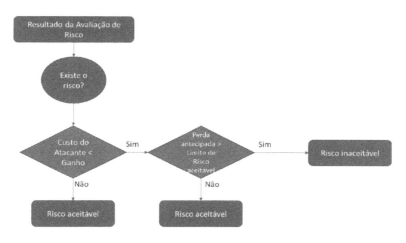

Fonte: autor, adaptado de (NIST, 2006)

Caso mostrado na Figura 62, caso o custo do atacante for menor que o ganho que ele pode ter, e, adicionalmente, se a perda estimada é maior que um limite de tolerância indicado, então o risco é inaceitável. Caso contrário, o risco é retido, isto é, aceito. O fluxograma descreve um critério para aceitação do risco que tem como um de seus fatores um agente de ameaça intencional.

11.4.3 Ação de evitar o risco

Trata-se da eliminação de atividade ou condição que dá origem a um determinado risco seja evitada. risco através de mudanças na forma de sua ocorrência.

Quando os riscos identificados são considerados excessivamente elevados e os custos da implementação de outras opções de tratamento do risco excederem os benefícios, é possível decidir que o risco seja evitado totalmente, seja através da retirada de uma atividade planejada ou existente (ou de um conjunto de atividades), seja através de mudanças nas condições em que a operação da atividade ocorre. Por exemplo, para riscos causados por fenômenos naturais, uma alternativa mais rentável pode ser a movimentação física das instalações de processamento de informações para um local onde o risco não existe ou está sob controle. Outra forma de evitar o risco é através da remoção da fonte de risco.

Após as mudanças necessárias, deverá ser realizada uma nova iteração de análise de riscos.

11.4.4 Compartilhamento do risco

Um risco pode ser compartilhado com outra entidade que possa gerenciá-lo de forma mais eficaz, dependendo da avaliação de riscos. O compartilhamento do risco envolve a decisão de se compartilhar ou transferir certos riscos com entidades externas. De acordo com (ABNT, 2005), "transferência do risco é o compartilhamento com outra entidade do ônus da perda ou do benefício do ganho associado a um risco".

O compartilhamento do risco pode gerar novos riscos ou modificar riscos existentes e previamente identificados. Portanto, pode ser necessário um novo tratamento do risco.

O compartilhamento pode ser feito por um seguro que cubra as consequências ou através da subcontratação de um parceiro cujo papel seria o de monitorar o sistema de informação e tomar medidas imediatas que impeçam um ataque antes que ele possa causar um determinado nível de dano ou prejuízo.

Segundo (BEZERRA, 2013), outra forma de transferência é a utilização de serviços de parceiros, através de outsourcing, para a gestão de eventos de segurança da informação.

Apesar do ser possível compartilhar a responsabilidade de gerenciar riscos, não é possível compartilhar a responsabilidade legal por um impacto, pois os clientes provavelmente irão atribuir um impacto adverso como sendo falha da organização e a responsabilidade legal pelas consequências não será transferida.

Controles necessitam de investimentos financeiros de capital e custeio para: aquisição, implementação, planejamento, operação, monitoramento; e manutenção.

Dado que algumas habilidades especiais podem ser necessárias para definir e implementar os controles ou modificar os existentes, antes de se deliberar pela adoção de controles deve-se comparar os custos dos controles em função dos custos dos ativos protegidos, bem como se deve realizar estimativa de oportunidades de investimentos, ou seja, quais investimentos em controles permitem reduzir o risco e que novas oportunidades de negócios podem ser possíveis com esses investimentos.

11.4.5. Aceitação de Risco

Após a etapa de Tratamento de risco ser finalizada com sucesso, ocorre a etapa de Aceitação de Riscos, na que é realizada uma análise criteriosa sobre o plano de tratamento de riscos e sobre o risco residual. Com base na entrada do plano de tratamento do risco e a análise do risco residual, há uma ação de decisão formal de aceitação do plano de tratamento de risco pela direção da organização, que deve ser registrada de maneira formal. Como resultado dessa etapa, é gerada uma lista de riscos aceitos e uma justificativa para aqueles que não satisfizeram os critérios definidos.

A Decisão de aceitação cabe aos gestores da organização, pois seus critérios são complexos e envolvem as estratégias de negócio da organização. Este documento formal fará parte da chamada "Declaração de Aplicabilidade", em que a organização apresenta os controles não aplicáveis e justifica o fato de não serem contemplados em seu Sistema de Gerenciamento de Segurança de Informação (SGSI).

É importante que gestores responsáveis façam uma análise crítica e aprovem, se for o caso, os planos propostos de tratamento do risco, os riscos residuais resultantes e que registrem as condições associadas a essa aprovação.

Os critérios para a aceitação do risco podem ser mais complexos do que somente a determinação se o risco residual está, ou não, abaixo ou acima de um limite bem definido.

Em alguns casos, o nível de risco residual pode não satisfazer os critérios de aceitação do risco, pois os critérios aplicados não estão levando em conta as circunstâncias predominantes no momento. Por exemplo, pode ser válido argumentar que é preciso que se aceite o risco, pois os benefícios que o acompanham são muito atraentes ou porque os custos de sua modificação são demasiadamente elevados. Tais circunstâncias indicam que os critérios para a aceitação do risco são inadequados e convém que sejam revistos, se possível. No entanto, nem sempre é possível rever os critérios para a aceitação do risco no tempo apropriado. Nesses casos, os tomadores de decisão podem ter que aceitar riscos que não satisfaçam os critérios normais para o aceite. Se isso for necessário, convém que o tomador de decisão comente explicitamente sobre os riscos e inclua uma justificativa para a sua decisão de passar por cima dos critérios normais para a aceitação do risco.

11.5 COMUNICAÇÃO DO RISCO

No processo de gestão de risco, existem duas fases que se desenvolvem simultaneamente com as demais fases: Comunicação do risco e Monitoramento e análise crítica de riscos. Estas duas fases são permanentes durante todo o processo de gestão de riscos.

Conforme (BEZERRA, 2013), a comunicação do risco é uma troca interativa, documentada formalmente, contínua e intencional, de informações, conhecimentos e percepções sobre como os riscos devem ser gerenciados. As informações sobre riscos são trocadas e/ou compartilhadas entre o tomador de decisão e as outras partes interessadas como uma troca interativa de informações, conhecimentos e percepções sobre como os riscos devem ser gerenciados. A Comunicação do Risco é uma atividade crítica para o sucesso dos trabalhos, realizada entre a equipe envolvida e as partes interessadas nas decisões do processo de análise de riscos.

Por ocorre em todas as etapas, a comunicação utilizada TODAS as informações sobre os riscos e atividades desenvolvidas. A

Saída da etapa de comunicação é o entendimento contínuo do processo de gestão de riscos e dos resultados obtidos. A informação inclui, a existência, a natureza, a forma, a probabilidade, a severidade, o tratamento e a aceitabilidade dos riscos, entre outras informações.

É importante que a comunicação seja executada durante todo o processo de gestão de riscos para manter as partes interessadas, internas e externas, de forma bidirecional, para que decisões bem informadas possam ser tomadas sobre o nível de risco e a necessidade de tratamento. Através da comunicação, obtém-se o entendimento adequado e a maior agilidade na tomada de decisões para a implementação de ferramentas de controle de riscos, buscando evitar prejuízos mais significativos. Além disso, a comunicação permitirá uma melhor percepção dos riscos e das vantagens do seu eficiente tratamento, assim como a comunicação possibilita realizar um trabalho de conscientização sobre a gestão dos riscos e a segurança da informação.

A comunicação do risco é realizada para durante todo o processo de gerenciamento de risco com objetivo de:

- Fornecimento de garantia do resultado da gestão de riscos para a organização;
- Coleta das informações sobre os riscos;
- Compartilhamento dos resultados do processo de avaliação de riscos e apresentar o plano de tratamento do risco;
- Evitar ou reduzir tanto a ocorrência quanto as consequências das violações da segurança da informação que aconteçam devido à falta de entendimento mútuo entre os tomadores de decisão e as partes interessadas;
- Oferecimento de suporte ao processo decisório;
- Obtenção de novo conhecimento sobre a segurança da informação;
- Coordenação com outras partes e planejar respostas para reduzir as consequências de um incidente.

A empresa deve desenvolver plano de comunicação de riscos para operações rotineiras e para situação de crise. Para que exista coordenação entre os principais tomadores de decisão e as partes interessadas, pode-se formar uma comissão em que os riscos, a sua priorização, as formas adequadas de tratá-los e a sua aceitação possam ser vastamente discutidos.

11.6 MONITORAMENTO E ANÁLISE DOS FATORES CRÍTICOS DE RISCO

De acordo com (BEZERRA, 2009), Monitoramento e Revisão do Risco é o nome dado a um conjunto de atividades continuamente executadas e que envolve o monitoramento dos diversos fatores de caracterização do risco, a fim de identificar quaisquer mudanças no contexto da organização, atualizar o panorama de riscos da organização e aprimorar o processo de gestão de riscos da organização.

Pode-se entender monitorar de riscos como acompanhar o progresso das atividades de riscos, sendo uma observação sistemática, regular e com intuito de verificar o desenvolvimento da gestão de riscos.

Deve-se ter em mente que os riscos não são estáticos. Dessa forma, as ameaças, as vulnerabilidades, a probabilidade ou as consequências podem mudar abruptamente, sem qualquer indicação, acarretando diversas implicações no processo de gerenciamento de risco. Portanto, o monitoramento constante é necessário para a detecção dessas mudanças. Serviços de terceiros que forneçam informações sobre novas ameaças ou vulnerabilidades podem prestar um auxílio valioso.

Assim como na etapa de Comunicação do Risco, o monitoramento deve ser constante e presente em todas as etapas do fluxo de gestão de riscos. O monitoramento e análise dos fatores críticos de risco também utiliza a totalidade das informações sobre os riscos e atividades desenvolvidas. O resultado dessa etapa é o alinhamento contínuo da gestão de riscos com os objetivos de negócios da organização e com os critérios para a aceitação do risco.

Com base na execução do monitoramento durante todo o projeto é possível que a equipe acompanhe a eficiência dos resultados e a eficácia dos controles de risco implementados.

O monitoramento é a atividade de identificar e de assegurar o controle do risco, monitorando riscos residuais e identificando novas ameaças e vulnerabilidades, assegurando a execução dos planos de tratamento do risco e avaliando sua eficiência e eficácia na redução dos riscos.

A equipe deve estar atenta e preparada para lidar com o dinamismo dos riscos e ameaças. O acompanhamento do dinamismo dos riscos e ameaças deve ser feito através do monitoramento dos ativos, vulnerabilidades e probabilidades, para que seja possível a rápida identificação de qualquer mudança.

O Monitoramento e Revisão do Risco, segundo a ISO/IEC (2007) é dividido em dois subprocessos:

- Monitoramento e Revisão dos Fatores de Risco; e
- Monitoramento, Revisão e Melhoria da Gestão de Riscos.

11.6.1 Monitoramento e Revisão dos Fatores de Risco

O monitoramento é a atividade de identificar e de assegurar o controle do risco, monitorando riscos residuais e identificando novas ameaças e vulnerabilidades, assegurando a execução dos planos de tratamento do risco e avaliando sua eficiência e eficácia na redução dos riscos.

A equipe deve estar atenta e preparada para lidar com o dinamismo dos riscos e ameaças. O acompanhamento do dinamismo dos riscos e ameaças deve ser feito através do monitoramento dos ativos, vulnerabilidades e probabilidades, para que seja possível a rápida identificação de qualquer mudança.

A contratação de serviços de terceiros para este monitoramento pode representar um ganho de eficiência no atendimento às novas ameaças que surgirem.

O monitoramento deve ser feito para garantir que o tratamento do risco está sendo implementado conforme planejado, novos ativos foram incluídos no escopo da gestão de riscos e os controles selecionados como de resposta ao risco ainda estão eficazes.

O monitoramento deve ser feito ainda para verificar se as hipóteses de cenários de incidentes e probabilidades ainda são válidas, surgiu um novo agente de ameaça capaz de explorar novos riscos, se as políticas e procedimentos estão sendo executados de forma adequada, se houve incidentes relacionados à segurança da informação, se surgiram novos riscos não identificados anteriormente ou que elevaram as consequências e impactos a um nível de risco inaceitável.

A análise crítica deve ser feita pela alta direção da organização no nível estratégico, para verificar se a gestão de riscos está atendendo aos objetivos de negócio da organização.

O monitoramento é a atividade de identificar e de assegurar o controle do risco, monitorando riscos residuais e identificando novas ameaças, vulnerabilidades e riscos, assegurando a execução dos planos de tratamento do risco e avaliando sua eficiência e eficácia na redução dos riscos. A equipe deve estar atenta ao dinamismo dos riscos e ameaças. Bons procedimentos de monitoramento e análise crítica do risco fornecem informações que suportam as tomadas de decisão eficazes em relação ao surgimento de novas ocorrências dos riscos.

Para a atividade de monitoramento e análise crítica, a equipe de análise terá como entrada, todas as informações sobre os riscos obtidos e atividades desenvolvidas. A Ação nessa etapa é a realização de procedimentos de monitoramento e análise crítica para a identificação de eventuais mudanças no contexto e manutenção de uma visão geral dos riscos. Ao final dessa etapa, a saída é o alinhamento contínuo da gestão de riscos com os objetivos de negócios e com os critérios de aceitação do risco.

Os resultados do monitoramento serão utilizados como dados de entrada para a realização de uma análise crítica, que deve ser feita pela alta direção da organização no nível estratégico, para verificar se a gestão de riscos está atendendo aos objetivos de negócio da organização. No processo de análise de riscos, a equipe de análise deve identificar problemas e pontos de atenção que necessitam de melhorias.

11.6.2 Monitoramento, análise crítica e melhoria do processo de gestão de riscos

O subprocesso de Monitoramento, análise crítica e melhoria do processo de gestão de riscos busca garantir que o processo de gestão de riscos atenda aos requisitos estratégicos do negócio da organização. A entrada nessa etapa, são 100% das informações obtidas sobre os riscos e atividades desenvolvidas. Nessa etapa, é realizado monitoramento, análise crítica e melhoria do processo de gestão de riscos de segurança da informação. Como resultado dessa etapa, obtém-se a garantia permanente da relevância do processo de gestão de riscos de segurança para os objetivos de negócio da organização ou a atualização do processo.

Permite que a organização analise seu processo de gestão de riscos e execute as melhorias necessárias ao processo. O trabalho da equipe de análise nesta atividade é ter realizado a atividade anterior e ter comunicado os resultados para a organização, para que estes sejam utilizados como subsídios para o monitoramento, análise crítica e melhorias do processo de gestão de riscos para toda a organização.

O monitoramento e análise da organização vão permitir:

- A verificação da disponibilidade dos recursos necessários à gestão e tratamento do risco.
- A verificação da necessidade de mudanças nos critérios, na metodologia ou nas ferramentas utilizadas.

Esta atividade visa garantir que o processo de gestão de riscos esteja realmente atendendo aos requisitos estratégicos do negócio da organização.

Na atividade de monitoramento, análise crítica e melhoria do processo de gestão de riscos, a entrada são 100% das informações sobre os riscos obtidos e atividades desenvolvidas. Com base nessas informações, ocorrerá o monitoramento, análise crítica e melhoria do processo de gestão de riscos de segurança da informação. Esta etapa tem o objetivo de garantir a permanente relevância do processo de gestão de riscos de segurança para os objetivos de negócio da organização ou a atualização do processo.

Esta atividade permite que a organização analise o processo de gestão de riscos implementado e a possibilidade de execução das melhorias necessárias ao processo. Nesta atividade, o trabalho da equipe de análise é ter realizado a atividade anterior e ter envio os resultados para a organização, para que sejam utilizados como subsídios para o monitoramento, análise crítica e melhoria do processo de gestão de riscos, para toda a organização.

O monitoramento permite que a organização verifique se todos os recursos necessários à gestão e tratamento do risco estão disponíveis, e a verificação da necessidade de mudanças nos critérios, na metodologia ou nas ferramentas utilizadas.

REFERÊNCIAS BIBLIOGRÁFICAS

ABNT NBR ISO/IEC 27002:2006. Código de Prática para a Gestão da Segurança da Informação.

ABNT NBR ISO/IEC 27005:2008. Gestão de Riscos da Segurança da Informação.

ASSI, Marcos. **Gestão De Riscos Com Controles Internos – Como vencer os desafios e manter a eficiência dos negócios**. 1 ed. São Paulo: Saint Paul, 2012.

AWS. What is cloud computing. **Site da Amazon Web Services**, 2021. Disponível em: <https://aws.amazon.com/pt/what-is-cloud-computing/>. Acesso em: 27 nov. 2022.

BASTA, Alfred. BASTA, Nadine. BROWN, Mary. *Segurança de Computadores e teste de invasão - Tradução da 2ª edição norte-americana*. São Paulo: Cengage Learning, 2014.

BEZERRA, Edson Kowask. **Gestão de riscos de TI: NBR 27005**. Rio de Janeiro: RNP/ESR, 2013.

BRASIL. **Lei Geral de Proteção de Dados Pessoais** (LGPD), Lei nº 13.709/2018, aprovada em agosto de 2018 e com vigência a partir de agosto de 2020.

CAIDA. The Spread of the Code-Red Worm (CRv2). Disponível em <https://www.caida.org/archive/code-red/coderedv2_analysis/>. Acesso em 29 nov. 2022.

CISCO. Curso**: CyberSecurity Essentials**. Cisco Networking Academy. 2020.

CISCO. Curso: **CyberOps Associate**. Cisco Networking Academy. 2021

CISCO. Curso: **Segurança de Rede**. Cisco Networking Academy. 2021.

CVE. **Glossary.** Disponível em https://www.cve.org/ResourcesSupport/Glossary. Acesso em 04 dez. 2022.

DAVENPORT, T. H. **Ecologia da informação: Por que só a tecnologia não basta para o sucesso na era da informação.** 5 ed. São Paulo: Futura, 2002.

DIFFIE, W. HELLMAN, M. **"New directions in cryptography,"** in *IEEE Transactions on Information Theory*, vol. 22, no. 6, pp. 644-654, November 1976, doi: 10.1109/TIT.1976.1055638.

EC-COUNCIL. Ethical Hacking Essentials. 2021.

FERNANDES, Jorge Henrique Cabral. **INTRODUÇÃO À GESTÃO DE RISCOS DE SEGURANÇA DA INFORMAÇÃO.** CEGSIC 2009-2011 v1.2. Brasília: UnB, 2009.

GONTIJO, P. **Fundamentos de Segurança Ofensiva.** Belo Horizonte: IGTI – Instituto de Gestão e Tecnologia da Informação, 2022.

JACOMO. M. C. **Segurança de Infraestrutura On-Premises – Bootcamp Analista de Defesa Cibernética.** Belo Horizonte: IGTI – Instituto de Gestão e Tecnologia da Informação 2021.

KASPERSKY. **Brasil e a cibersegurança: ainda somos o maior alvo de ataques na América Latina.** Disponível em <https://www.kaspersky.com.br/blog/panorama-ameacas-latam-2022/20311/>. Acessado em 03 dez. 2022.

KIM, David. SOLOMON, Michael G. **Fundamentos de Segurança de Sistemas de Informação.** 1 ed. Rio de Janeiro: LTC, 2014.

MACHADO, F. N. R. **Segurança da Informação: princípios e controle de ameaças.** 1. ed. São Paulo: Érica, 2014.

MAN, Ian. **Engenharia Social.** Tradução: Editora Longarina. São Paulo: Blucher, 2011.

MARTIN, Lockheed. CYBER KILL CHAIN. Disponível em https://www.lockheedmartin.com/en-us/capabilities/cyber/cyber-kill-chain.html. Acesso em 01 mai. 2022.

MCCLURE, S.; SCAMBRAY, J.; KURTZ, G. **Hackers Expostos.** 7. ed. Porto Alegre: Bookman, 2014.

MOLINARO, L. F. R. **Gestão de tecnologia da informação: governança de TI: arquitetura e alinhamento entre sistemas de informação e o negócio**. Rio de Janeiro: LTC, 2011.

MORAES, A. F. **Segurança em redes: fundamentos**. 1 ed. São Paulo: Érica, 2010.

MORAES, A. F. **Cibersegurança e a nova geração de Firewalls**. São Paulo: Editora Saraiva, 2021.

NIST. Data Integrity: Identifying and Protecting Assets Against Ransomware and Other Destructive Events | NCCoE (nist.gov). National Institute of Standards and Technology. NIST SPECIAL PUBLICATION 1800-25.2020. Disponível em https://www.nccoe.nist.gov/data-integrity-identifying-and-protecting-assets-against-ransomware-and-other-destructive-events. Acessado em 06 fev. 2022.

NIST. SP 800-37, "Guide for Applying the Risk Management Framework to Federal Information Systems: A Security Life Cycle Approach" February 2010. Disponível em http://csrc.nist.gov/publications/nistpubs/800-37-rev1/sp800-37-rev1-final.pdf. Acessado em 06 fev. 2022.

NIST. **Cybersecurity Framework**. National Institute of Standards and Technology. Disponível em https://www.nist.gov/cyberframework. Acessado em 18 ago. 2022.

NAKAMURA, Emilio Tissato. GEUS, Paulo Licio. **Segurança de Redes: em ambientes cooperativos.** São Paulo: Novatec, 2007. 488 p.

OLIVEIRA, Wilson José de. **Segurança da Informação – Técnicas e Soluções.** Florianópolis: Editora Visual Books, 2001.

OWASP. OWASP Top 10. 2021. Disponível em <https://owasp.org/Top10/>. Acessado em 03 dez. 2022.

SÊMOLA, Marcos. **Gestão da Segurança da Informação: Uma Visão Executiva.** 2. ed. – Rio de Janeiro: Elsevier, 2014.

SEWAYBRIKER, Ricardo. **Segurança Física e Lógica**. São Paulo: Editora Sol, 2018.

SILVA, Michel Bernardo Fernandes da. **Segurança no Ambiente Web.** São Paulo: Editora Sol, 2020.

SILVA, Michel Bernardo Fernandes da. **Tópicos no Ambiente Web.** São Paulo: Editora Sol, 2021.

SÍMPLICIO JUNIOR, Marcos Antônio. **Algoritmos criptográficos para redes de sensores**. São Paulo: Universidade de São Paulo, 2008. 177 p.

SOLVIMM. **Os times da Segurança de Informação**. Disponível em https://solvimm.com/blog/os-times-de-seguranca-da-informacao/. Acesso em 11 dez. 2022.

SMITH, Z. M., LOSTRI, E., LEWIS, J. A. **The Hidden Costs of Cybercrime**. 2020. McAffe. Disponível em https://www.mcafee.com/enterprise/en-us/assets/reports/rp-hidden-costs-of-cybercrime.pdf. Acesso em 13 jun. 2022.

VIANNA, E. W.; FERNANDES, J. H. C. **O gestor da segurança da informação no espaço cibernético governamental: grandes desafios, novos perfis e procedimentos**, Brazilian Journal of Information Science: research trends, v. 9, nº 1, 2015. Disponível em: <http://www2.marilia.unesp.br/revistas/index.php/bjis/article/view/5216/3668>. Acesso em 07 set. 2022.

TEHRANI, Rich. **"NotPetya: World's First $10 Billion Malware," Apex Technology Services**, 2017, Disponível em https://www.apextechservices.com/topics/articles/435235-notpetya-worlds-first-10-billion-malware.htm. Acesso em 13 jun. 2022.

TEMPEST. 3º Pesquisa Tempest de Cibersegurança – Um panorama completo sobre a Cibersegurança no Brasil. Disponível em https://www.tempest.com.br/categoria_editoriais/pesquisas-de-mercado/. Acessado em 19 nov. 2022.

WRIGHT, A. C. **Orange is the new Purple**. BlackHat. USA 2017. Disponível em https://www.blackhat.com/docs/us-17/wednesday/us-17-Wright-Orange-Is-The-New-Purple-wp.pdf. Acesso em 12 dez. 2022.

ZETTER, K. **Contagem regressiva até zero day: Stuxnet e o lançamento da primeira arma digital do mundo**. Tradução: Alan de Sá, Davidson Boccardo, Fabian Martins e Lucila Bento. Rio de Janeiro: Brasport, 2017.